普通高等院校“十四五”规划教材
“互联网+”融媒体系列教材

财务会计实训专用账簿

迟甜甜　孔令一　主　编
黄高跃　卜梦洁　副主编

学　　院：________________

专　　业：________________

学　　号：________________

姓　　名：________________

启用日期：________________

立信会计出版社
LIXIN ACCOUNTING PUBLISHING HOUSE

图书在版编目(CIP)数据

财务会计实训专用账簿 / 迟甜甜，孔令一主编. —
上海：立信会计出版社，2023.7(2024.1 重印)
ISBN 978-7-5429-7275-0

Ⅰ. ①财… Ⅱ. ①迟… ②孔… Ⅲ. ①财务会计
Ⅳ. ①F234.4

中国国家版本馆 CIP 数据核字(2023)第 138500 号

策划编辑　郭　光
责任编辑　郭　光
美术编辑　吴博闻

财务会计实训专用账簿

CAIWU KUAIJI SHIXUN ZHUANYONG ZHANGBU

出版发行　立信会计出版社
地　　址　上海市中山西路 2230 号　邮政编码　200235
电　　话　(021)64411389　传　　真　(021)64411325
网　　址　www.lixinaph.com　电子邮箱　lixinaph2019@126.com
网上书店　http://lixin.jd.com　http://lxkjcbs.tmall.com
经　　销　各地新华书店

印　　刷　常熟市人民印刷有限公司
开　　本　787 毫米×1092 毫米　1/16
印　　张　17.25
字　　数　347 千字
版　　次　2023 年 7 月第 1 版
印　　次　2024 年 1 月第 2 次
书　　号　ISBN 978-7-5429-7275-0/F
定　　价　46.00 元

前　言

为突出实践教学在人才培养过程中的作用，帮助学生实现理论学习与实践操作衔接的"零距离"，编者根据多年会计理论教学与实践教学的经验，以企业真实经济业务为载体，编写了《财务会计实训》，力争做到实训方式岗位化、实训内容任务化和能力目标职业化。

本书为《财务会计实训》的专用配套账簿，书稿采用集成的方式将财务会计实验中涉及的库存现金日记账、银行存款日记账、总账、三栏式明细账、多栏式明细账、数量金额式明细账、应交税费明细账有机结合，还加入了资产负债表和利润表等资料。学生最终根据教材中的业务，填制记账凭证以及此账簿，作为实习实训的最终成果。

本账簿具有以下特点：

（1）减轻教师采购工作量。本账簿整合了以往教学中需要零星采购的繁琐工作，将采购工作简化，减轻了教务部门和任课教师采购的工作量。

（2）环保节约，降低学生经济负担。本账簿采用合订方式并对总账和三栏式明细账进行了调整，不仅节省用纸、利于环保，也降低了学生的经济负担。

（3）便于档案保管。本账簿采用合订的方式，实验过程中能够有效避免学生丢失账页；实验课程结束后，教师可以直接将账簿进行存档，可有效减少账簿的整理和装订工作，便于实验资料的归档和保管。

本账簿由迟甜甜、孔令一、黄高跃、卜梦洁、刘燕、张志国、李满林等编写。编写过程中参考和借鉴了大量相关实验账簿成果，得到了立信会计出版社的大力支持，在此表示诚挚谢意！由于作者水平有限，本账簿内容难免有疏漏之处，恳请读者提出改进意见，以便我们进一步修订和完善。

编者

2023 年 7 月

目　录

实训一　出纳岗

一、库存现金日记账

二、银行存款日记账

一、库存现金日记账

库存现金日记账

2021年		凭证号数	对方科目	摘要	✓	收入（借方）金额												付出（贷方）金额												结余金额											
月	日					十	亿	千	百	十	万	千	百	十	元	角	分	十	亿	千	百	十	万	千	百	十	元	角	分	十	亿	千	百	十	万	千	百	十	元	角	分
5	01			期初余额																																1	5	3	7	2	9

二、银行存款日记账

银行存款日记账

2021年		凭证号数	对方科目	摘要	√	收入(借方)金额												付出(贷方)金额												结余金额											
月	日					十	亿	千	百	十	万	千	百	十	元	角	分	十	亿	千	百	十	万	千	百	十	元	角	分	十	亿	千	百	十	万	千	百	十	元	角	分
5	01			期初余额																													1	9	7	9	3	0	7	7	2

实训二　往来会计岗

一、明细分类账
二、总分类账

一、明细分类账

级科目编号及名称

级科目编号及名称

年		凭证		摘要	对方科目	日页	借方金额											√	贷方金额											√	借或贷	余额											√
月	日	种类	号数				亿	千	百	十	万	千	百	十	元	角	分		亿	千	百	十	万	千	百	十	元	角	分			亿	千	百	十	万	千	百	十	元	角	分	

级科目编号及名称

级科目编号及名称

年		凭证		摘要	对方科目	日页	借方金额											√	贷方金额											√	借或贷	余额											√
月	日	种类	号数				亿	千	百	十	万	千	百	十	元	角	分		亿	千	百	十	万	千	百	十	元	角	分			亿	千	百	十	万	千	百	十	元	角	分	

____级科目编号及名称____

____级科目编号及名称____

年		凭证		摘要	对方科目	日页	借方金额											✓	贷方金额											✓	借或贷	余额											✓
月	日	种类	号数				亿	千	百	十	万	千	百	十	元	角	分		亿	千	百	十	万	千	百	十	元	角	分			亿	千	百	十	万	千	百	十	元	角	分	

____级科目编号及名称____

____级科目编号及名称____

年		凭证		摘要	对方科目	日页	借方金额											✓	贷方金额											✓	借或贷	余额											✓
月	日	种类	号数				亿	千	百	十	万	千	百	十	元	角	分		亿	千	百	十	万	千	百	十	元	角	分			亿	千	百	十	万	千	百	十	元	角	分	

级科目编号及名称

级科目编号及名称

年		凭证		摘要	对方科目	日页	借方金额											✓	贷方金额											✓	借或贷	余额											✓
月	日	种类	号数				亿	千	百	十	万	千	百	十	元	角	分		亿	千	百	十	万	千	百	十	元	角	分			亿	千	百	十	万	千	百	十	元	角	分	

级科目编号及名称

级科目编号及名称

年		凭证		摘要	对方科目	日页	借方金额											✓	贷方金额											✓	借或贷	余额											✓
月	日	种类	号数				亿	千	百	十	万	千	百	十	元	角	分		亿	千	百	十	万	千	百	十	元	角	分			亿	千	百	十	万	千	百	十	元	角	分	

……级科目编号及名称……

……级科目编号及名称……

年		凭证		摘要	对方科目	日页	借方金额											✓	贷方金额											✓	借或贷	余额											✓
月	日	种类	号数				亿	千	百	十	万	千	百	十	元	角	分		亿	千	百	十	万	千	百	十	元	角	分			亿	千	百	十	万	千	百	十	元	角	分	

……级科目编号及名称……

……级科目编号及名称……

年		凭证		摘要	对方科目	日页	借方金额											✓	贷方金额											✓	借或贷	余额											✓
月	日	种类	号数				亿	千	百	十	万	千	百	十	元	角	分		亿	千	百	十	万	千	百	十	元	角	分			亿	千	百	十	万	千	百	十	元	角	分	

______级科目编号及名称______

______级科目编号及名称______

年		凭证		摘要	对方科目	日页	借方金额											✓	贷方金额											✓	借或贷	余额											✓
月	日	种类	号数				亿	千	百	十	万	千	百	十	元	角	分		亿	千	百	十	万	千	百	十	元	角	分			亿	千	百	十	万	千	百	十	元	角	分	

______级科目编号及名称______

______级科目编号及名称______

年		凭证		摘要	对方科目	日页	借方金额											✓	贷方金额											✓	借或贷	余额											✓
月	日	种类	号数				亿	千	百	十	万	千	百	十	元	角	分		亿	千	百	十	万	千	百	十	元	角	分			亿	千	百	十	万	千	百	十	元	角	分	

级科目编号及名称

级科目编号及名称

年		凭证		摘要	对方科目	日页	借方金额											✓	贷方金额											✓	借或贷	余额											✓
月	日	种类	号数				亿	千	百	十	万	千	百	十	元	角	分		亿	千	百	十	万	千	百	十	元	角	分			亿	千	百	十	万	千	百	十	元	角	分	

级科目编号及名称

级科目编号及名称

年		凭证		摘要	对方科目	日页	借方金额											✓	贷方金额											✓	借或贷	余额											✓
月	日	种类	号数				亿	千	百	十	万	千	百	十	元	角	分		亿	千	百	十	万	千	百	十	元	角	分			亿	千	百	十	万	千	百	十	元	角	分	

级科目编号及名称
级科目编号及名称

年		凭证		摘　要	对方科目	日页	借方金额											✓	贷方金额											✓	借或贷	余额											✓
月	日	种类	号数				亿	千	百	十	万	千	百	十	元	角	分		亿	千	百	十	万	千	百	十	元	角	分			亿	千	百	十	万	千	百	十	元	角	分	

级科目编号及名称
级科目编号及名称

年		凭证		摘　要	对方科目	日页	借方金额											✓	贷方金额											✓	借或贷	余额											✓
月	日	种类	号数				亿	千	百	十	万	千	百	十	元	角	分		亿	千	百	十	万	千	百	十	元	角	分			亿	千	百	十	万	千	百	十	元	角	分	

级科目编号及名称

级科目编号及名称

年		凭证		摘要	对方科目	日页	借方金额											√	贷方金额											√	借或贷	余额											√
月	日	种类	号数				亿	千	百	十	万	千	百	十	元	角	分		亿	千	百	十	万	千	百	十	元	角	分			亿	千	百	十	万	千	百	十	元	角	分	

级科目编号及名称

级科目编号及名称

年		凭证		摘要	对方科目	日页	借方金额											√	贷方金额											√	借或贷	余额											√
月	日	种类	号数				亿	千	百	十	万	千	百	十	元	角	分		亿	千	百	十	万	千	百	十	元	角	分			亿	千	百	十	万	千	百	十	元	角	分	

二、总分类账

年		凭证号数	摘要	√	借方											贷方											借或贷	余额										
月	日				亿	千	百	十	万	千	百	十	元	角	分	亿	千	百	十	万	千	百	十	元	角	分		亿	千	百	十	万	千	百	十	元	角	分

年		凭证号数	摘要	√	借方											贷方											借或贷	余额										
月	日				亿	千	百	十	万	千	百	十	元	角	分	亿	千	百	十	万	千	百	十	元	角	分		亿	千	百	十	万	千	百	十	元	角	分

年		凭证号数	摘要	✓	借方											贷方											借或贷	余额										
月	日				亿	千	百	十	万	千	百	十	元	角	分	亿	千	百	十	万	千	百	十	元	角	分		亿	千	百	十	万	千	百	十	元	角	分

年		凭证号数	摘要	✓	借方											贷方											借或贷	余额										
月	日				亿	千	百	十	万	千	百	十	元	角	分	亿	千	百	十	万	千	百	十	元	角	分		亿	千	百	十	万	千	百	十	元	角	分

年		凭证号数	摘要	✓	借方											贷方											借或贷	余额										
月	日				亿	千	百	十	万	千	百	十	元	角	分	亿	千	百	十	万	千	百	十	元	角	分		亿	千	百	十	万	千	百	十	元	角	分

年		凭证号数	摘要	✓	借方											贷方											借或贷	余额										
月	日				亿	千	百	十	万	千	百	十	元	角	分	亿	千	百	十	万	千	百	十	元	角	分		亿	千	百	十	万	千	百	十	元	角	分

年		凭证号数	摘要	√	借方											贷方											借或贷	余额										
月	日				亿	千	百	十	万	千	百	十	元	角	分	亿	千	百	十	万	千	百	十	元	角	分		亿	千	百	十	万	千	百	十	元	角	分

年		凭证号数	摘要	√	借方											贷方											借或贷	余额										
月	日				亿	千	百	十	万	千	百	十	元	角	分	亿	千	百	十	万	千	百	十	元	角	分		亿	千	百	十	万	千	百	十	元	角	分

实训三　存货与成本会计岗

一、明细分类账
二、总分类账

一、明细分类账

材料采购明细账

级科目编号及名称

年		凭证		摘要	材料名称及规格	计量单位	数量	发票金额	相关税费	运杂费	转出	余额
月	日	种类	号数					千百十万千百十元角分	千百十万千百十元角分	千百十万千百十元角分	千百十万千百十元角分	千百十万千百十元角分

材料采购明细账

级科目编号及名称

年		凭证		摘要	材料名称及规格	计量单位	数量	发票金额	相关税费	运杂费	转出	余额
月	日	种类	号数					千百十万千百十元角分	千百十万千百十元角分	千百十万千百十元角分	千百十万千百十元角分	千百十万千百十元角分

材料采购明细账

级科目编号及名称

年		凭证		摘要	材料名称及规格	计量单位	数量	发票金额										相关税费										运杂费										转出										余额									
月	日	种类	号数					千	百	十	万	千	百	十	元	角	分	千	百	十	万	千	百	十	元	角	分	千	百	十	万	千	百	十	元	角	分	千	百	十	万	千	百	十	元	角	分	千	百	十	万	千	百	十	元	角	分

材料采购明细账

级科目编号及名称

年		凭证		摘要	材料名称及规格	计量单位	数量	发票金额										相关税费										运杂费										转出										余额									
月	日	种类	号数					千	百	十	万	千	百	十	元	角	分	千	百	十	万	千	百	十	元	角	分	千	百	十	万	千	百	十	元	角	分	千	百	十	万	千	百	十	元	角	分	千	百	十	万	千	百	十	元	角	分

原材料明细账

级科目编号及名称

年		凭证		摘要	借方												贷方												结存											
					数量	单价	金额										数量	单价	金额										数量	单价	金额									
月	日	种类	号数				千	百	十	万	千	百	十	元	角	分			千	百	十	万	千	百	十	元	角	分			千	百	十	万	千	百	十	元	角	分

原材料明细账

级科目编号及名称

年		凭证		摘要	借方												贷方												结存											
					数量	单价	金额										数量	单价	金额										数量	单价	金额									
月	日	种类	号数				千	百	十	万	千	百	十	元	角	分			千	百	十	万	千	百	十	元	角	分			千	百	十	万	千	百	十	元	角	分

原材料明细账

级科目编号及名称

年		凭证		摘要	借方												贷方												结存											
					数量	单价	金额										数量	单价	金额										数量	单价	金额									
月	日	种类	号数				千	百	十	万	千	百	十	元	角	分			千	百	十	万	千	百	十	元	角	分			千	百	十	万	千	百	十	元	角	分

原材料明细账

级科目编号及名称

年		凭证		摘要	借方												贷方												结存											
					数量	单价	金额										数量	单价	金额										数量	单价	金额									
月	日	种类	号数				千	百	十	万	千	百	十	元	角	分			千	百	十	万	千	百	十	元	角	分			千	百	十	万	千	百	十	元	角	分

周转材料明细账

______级科目编号及名称______

年		凭证		摘要	借方												贷方												结存											
月	日	种类	号数		数量	单价	金额										数量	单价	金额										数量	单价	金额									
							千	百	十	万	千	百	十	元	角	分			千	百	十	万	千	百	十	元	角	分			千	百	十	万	千	百	十	元	角	分

周转材料明细账

______级科目编号及名称______

年		凭证		摘要	借方												贷方												结存											
月	日	种类	号数		数量	单价	金额										数量	单价	金额										数量	单价	金额									
							千	百	十	万	千	百	十	元	角	分			千	百	十	万	千	百	十	元	角	分			千	百	十	万	千	百	十	元	角	分

库存商品明细账

级科目编号及名称

年		凭证		摘要	借方												贷方												结存											
					数量	单价	金额										数量	单价	金额										数量	单价	金额									
月	日	种类	号数				千	百	十	万	千	百	十	元	角	分			千	百	十	万	千	百	十	元	角	分			千	百	十	万	千	百	十	元	角	分

库存商品明细账

级科目编号及名称

年		凭证		摘要	借方												贷方												结存											
					数量	单价	金额										数量	单价	金额										数量	单价	金额									
月	日	种类	号数				千	百	十	万	千	百	十	元	角	分			千	百	十	万	千	百	十	元	角	分			千	百	十	万	千	百	十	元	角	分

库存商品明细账

级科目编号及名称

年		凭证		摘要	借方												贷方												结存											
月	日	种类	号数		数量	单价	金额										数量	单价	金额										数量	单价	金额									
							千	百	十	万	千	百	十	元	角	分			千	百	十	万	千	百	十	元	角	分			千	百	十	万	千	百	十	元	角	分

库存商品明细账

级科目编号及名称

年		凭证		摘要	借方												贷方												结存											
月	日	种类	号数		数量	单价	金额										数量	单价	金额										数量	单价	金额									
							千	百	十	万	千	百	十	元	角	分			千	百	十	万	千	百	十	元	角	分			千	百	十	万	千	百	十	元	角	分

存货跌价准备明细账

级科目编号及名称

级科目编号及名称

年		凭证		摘要	对方科目	日页	借方金额											✓	贷方金额											✓	借或贷	余额											✓
月	日	种类	号数				亿	千	百	十	万	千	百	十	元	角	分		亿	千	百	十	万	千	百	十	元	角	分			亿	千	百	十	万	千	百	十	元	角	分	

存货跌价准备明细账

级科目编号及名称

级科目编号及名称

年		凭证		摘要	对方科目	日页	借方金额											✓	贷方金额											✓	借或贷	余额											✓
月	日	种类	号数				亿	千	百	十	万	千	百	十	元	角	分		亿	千	百	十	万	千	百	十	元	角	分			亿	千	百	十	万	千	百	十	元	角	分	

材料成本差异明细账

______级科目编号及名称______

______级科目编号及名称______

年		凭证		摘要	对方科目	日页	借方金额											✓	贷方金额											✓	借或贷	余额											✓
月	日	种类	号数				亿	千	百	十	万	千	百	十	元	角	分		亿	千	百	十	万	千	百	十	元	角	分			亿	千	百	十	万	千	百	十	元	角	分	

材料成本差异明细账

______级科目编号及名称______

______级科目编号及名称______

年		凭证		摘要	对方科目	日页	借方金额											✓	贷方金额											✓	借或贷	余额											✓
月	日	种类	号数				亿	千	百	十	万	千	百	十	元	角	分		亿	千	百	十	万	千	百	十	元	角	分			亿	千	百	十	万	千	百	十	元	角	分	

材料成本差异明细账

级科目编号及名称

级科目编号及名称

年		凭证		摘要	对方科目	日页	借方金额											✓	贷方金额											✓	借或贷	余额											✓
月	日	种类	号数				亿	千	百	十	万	千	百	十	元	角	分		亿	千	百	十	万	千	百	十	元	角	分			亿	千	百	十	万	千	百	十	元	角	分	

材料成本差异明细账

级科目编号及名称

级科目编号及名称

年		凭证		摘要	对方科目	日页	借方金额											✓	贷方金额											✓	借或贷	余额											✓
月	日	种类	号数				亿	千	百	十	万	千	百	十	元	角	分		亿	千	百	十	万	千	百	十	元	角	分			亿	千	百	十	万	千	百	十	元	角	分	

生产成本明细账

级科目编号及名称

年		凭证号数	摘要	明细项目							
月	日			百十万千百十元角分	百十万千百十元角分	百十万千百十元角分	百十万千百十元角分	百十万千百十元角分	百十万千百十元角分	百十万千百十元角分	百十万千百十元角分

生产成本明细账

级科目编号及名称

年		凭证号数	摘要	明细项目																																																																							
月	日			百	十	万	千	百	十	元	角	分	百	十	万	千	百	十	元	角	分	百	十	万	千	百	十	元	角	分	百	十	万	千	百	十	元	角	分	百	十	万	千	百	十	元	角	分	百	十	万	千	百	十	元	角	分	百	十	万	千	百	十	元	角	分	百	十	万	千	百	十	元	角	分

生产成本明细账

______级科目编号及名称______________

年		凭证号数	摘要	明细项目																																																																							
月	日			百	十	万	千	百	十	元	角	分	百	十	万	千	百	十	元	角	分	百	十	万	千	百	十	元	角	分	百	十	万	千	百	十	元	角	分	百	十	万	千	百	十	元	角	分	百	十	万	千	百	十	元	角	分	百	十	万	千	百	十	元	角	分	百	十	万	千	百	十	元	角	分

生产成本明细账

……级科目编号及名称……

年		凭证号数	摘要	明细项目							
月	日			百十万千百十元角分	百十万千百十元角分	百十万千百十元角分	百十万千百十元角分	百十万千百十元角分	百十万千百十元角分	百十万千百十元角分	百十万千百十元角分

二、总分类账

年		凭证号数	摘要	✓	借方											贷方											借或贷	余额										
月	日				亿	千	百	十	万	千	百	十	元	角	分	亿	千	百	十	万	千	百	十	元	角	分		亿	千	百	十	万	千	百	十	元	角	分

年		凭证号数	摘要	✓	借方											贷方											借或贷	余额										
月	日				亿	千	百	十	万	千	百	十	元	角	分	亿	千	百	十	万	千	百	十	元	角	分		亿	千	百	十	万	千	百	十	元	角	分

年		凭证号数	摘要	✓	借方											贷方											借或贷	余额										
月	日				亿	千	百	十	万	千	百	十	元	角	分	亿	千	百	十	万	千	百	十	元	角	分		亿	千	百	十	万	千	百	十	元	角	分

年		凭证号数	摘要	✓	借方											贷方											借或贷	余额										
月	日				亿	千	百	十	万	千	百	十	元	角	分	亿	千	百	十	万	千	百	十	元	角	分		亿	千	百	十	万	千	百	十	元	角	分

年		凭证号数	摘要	✓	借方											贷方											借或贷	余额										
月	日				亿	千	百	十	万	千	百	十	元	角	分	亿	千	百	十	万	千	百	十	元	角	分		亿	千	百	十	万	千	百	十	元	角	分

年		凭证号数	摘要	✓	借方											贷方											借或贷	余额										
月	日				亿	千	百	十	万	千	百	十	元	角	分	亿	千	百	十	万	千	百	十	元	角	分		亿	千	百	十	万	千	百	十	元	角	分

年		凭证号数	摘要	√	借方											贷方											借或贷	余额										
月	日				亿	千	百	十	万	千	百	十	元	角	分	亿	千	百	十	万	千	百	十	元	角	分		亿	千	百	十	万	千	百	十	元	角	分

年		凭证号数	摘要	√	借方											贷方											借或贷	余额										
月	日				亿	千	百	十	万	千	百	十	元	角	分	亿	千	百	十	万	千	百	十	元	角	分		亿	千	百	十	万	千	百	十	元	角	分

年		凭证号数	摘要	✓	借方											贷方											借或贷	余额										
月	日				亿	千	百	十	万	千	百	十	元	角	分	亿	千	百	十	万	千	百	十	元	角	分		亿	千	百	十	万	千	百	十	元	角	分

年		凭证号数	摘要	✓	借方											贷方											借或贷	余额										
月	日				亿	千	百	十	万	千	百	十	元	角	分	亿	千	百	十	万	千	百	十	元	角	分		亿	千	百	十	万	千	百	十	元	角	分

实训四　固定资产与无形资产会计岗

一、明细分类账

二、总分类账

一、明细分类账

级科目编号及名称

级科目编号及名称

年		凭证		摘要	对方科目	日页	借方金额											√	贷方金额											√	借或贷	余额											√
月	日	种类	号数				亿	千	百	十	万	千	百	十	元	角	分		亿	千	百	十	万	千	百	十	元	角	分			亿	千	百	十	万	千	百	十	元	角	分	

级科目编号及名称

级科目编号及名称

年		凭证		摘要	对方科目	日页	借方金额											√	贷方金额											√	借或贷	余额											√
月	日	种类	号数				亿	千	百	十	万	千	百	十	元	角	分		亿	千	百	十	万	千	百	十	元	角	分			亿	千	百	十	万	千	百	十	元	角	分	

级科目编号及名称

级科目编号及名称

年		凭证		摘要	对方科目	日页	借方金额											✓	贷方金额											✓	借或贷	余额											✓
月	日	种类	号数				亿	千	百	十	万	千	百	十	元	角	分		亿	千	百	十	万	千	百	十	元	角	分			亿	千	百	十	万	千	百	十	元	角	分	

级科目编号及名称

级科目编号及名称

年		凭证		摘要	对方科目	日页	借方金额											✓	贷方金额											✓	借或贷	余额											✓
月	日	种类	号数				亿	千	百	十	万	千	百	十	元	角	分		亿	千	百	十	万	千	百	十	元	角	分			亿	千	百	十	万	千	百	十	元	角	分	

……级科目编号及名称……

……级科目编号及名称……

年		凭证		摘要	对方科目	日页	借方金额											✓	贷方金额											✓	借或贷	余额											✓
月	日	种类	号数				亿	千	百	十	万	千	百	十	元	角	分		亿	千	百	十	万	千	百	十	元	角	分			亿	千	百	十	万	千	百	十	元	角	分	

……级科目编号及名称……

……级科目编号及名称……

年		凭证		摘要	对方科目	日页	借方金额											✓	贷方金额											✓	借或贷	余额											✓
月	日	种类	号数				亿	千	百	十	万	千	百	十	元	角	分		亿	千	百	十	万	千	百	十	元	角	分			亿	千	百	十	万	千	百	十	元	角	分	

级科目编号及名称

级科目编号及名称

年		凭证		摘要	对方科目	日页	借方金额											✓	贷方金额											✓	借或贷	余额											✓
月	日	种类	号数				亿	千	百	十	万	千	百	十	元	角	分		亿	千	百	十	万	千	百	十	元	角	分			亿	千	百	十	万	千	百	十	元	角	分	

级科目编号及名称

级科目编号及名称

年		凭证		摘要	对方科目	日页	借方金额											✓	贷方金额											✓	借或贷	余额											✓
月	日	种类	号数				亿	千	百	十	万	千	百	十	元	角	分		亿	千	百	十	万	千	百	十	元	角	分			亿	千	百	十	万	千	百	十	元	角	分	

级科目编号及名称
级科目编号及名称

年		凭证		摘要	对方科目	日页	借方金额											✓	贷方金额											✓	借或贷	余额											✓
月	日	种类	号数				亿	千	百	十	万	千	百	十	元	角	分		亿	千	百	十	万	千	百	十	元	角	分			亿	千	百	十	万	千	百	十	元	角	分	

级科目编号及名称
级科目编号及名称

年		凭证		摘要	对方科目	日页	借方金额											✓	贷方金额											✓	借或贷	余额											✓
月	日	种类	号数				亿	千	百	十	万	千	百	十	元	角	分		亿	千	百	十	万	千	百	十	元	角	分			亿	千	百	十	万	千	百	十	元	角	分	

级科目编号及名称
级科目编号及名称

年		凭证		摘要	对方科目	日页	借方金额											✓	贷方金额											✓	借或贷	余额											✓
月	日	种类	号数				亿	千	百	十	万	千	百	十	元	角	分		亿	千	百	十	万	千	百	十	元	角	分			亿	千	百	十	万	千	百	十	元	角	分	

级科目编号及名称
级科目编号及名称

年		凭证		摘要	对方科目	日页	借方金额											✓	贷方金额											✓	借或贷	余额											✓
月	日	种类	号数				亿	千	百	十	万	千	百	十	元	角	分		亿	千	百	十	万	千	百	十	元	角	分			亿	千	百	十	万	千	百	十	元	角	分	

级科目编号及名称
级科目编号及名称

年		凭证		摘要	对方科目	日页	借方金额											✓	贷方金额											✓	借或贷	余额											✓
月	日	种类	号数				亿	千	百	十	万	千	百	十	元	角	分		亿	千	百	十	万	千	百	十	元	角	分			亿	千	百	十	万	千	百	十	元	角	分	

级科目编号及名称
级科目编号及名称

年		凭证		摘要	对方科目	日页	借方金额											✓	贷方金额											✓	借或贷	余额											✓
月	日	种类	号数				亿	千	百	十	万	千	百	十	元	角	分		亿	千	百	十	万	千	百	十	元	角	分			亿	千	百	十	万	千	百	十	元	角	分	

级科目编号及名称

级科目编号及名称

年		凭证		摘要	对方科目	日页	借方金额											√	贷方金额											√	借或贷	余额											√
月	日	种类	号数				亿	千	百	十	万	千	百	十	元	角	分		亿	千	百	十	万	千	百	十	元	角	分			亿	千	百	十	万	千	百	十	元	角	分	

级科目编号及名称

级科目编号及名称

年		凭证		摘要	对方科目	日页	借方金额											√	贷方金额											√	借或贷	余额											√
月	日	种类	号数				亿	千	百	十	万	千	百	十	元	角	分		亿	千	百	十	万	千	百	十	元	角	分			亿	千	百	十	万	千	百	十	元	角	分	

二、总分类账

年		凭证号数	摘要	✓	借方											贷方											借或贷	余额										
月	日				亿	千	百	十	万	千	百	十	元	角	分	亿	千	百	十	万	千	百	十	元	角	分		亿	千	百	十	万	千	百	十	元	角	分

年		凭证号数	摘要	✓	借方											贷方											借或贷	余额										
月	日				亿	千	百	十	万	千	百	十	元	角	分	亿	千	百	十	万	千	百	十	元	角	分		亿	千	百	十	万	千	百	十	元	角	分

年		凭证号数	摘要	✓	借方											贷方											借或贷	余额										
月	日				亿	千	百	十	万	千	百	十	元	角	分	亿	千	百	十	万	千	百	十	元	角	分		亿	千	百	十	万	千	百	十	元	角	分

年		凭证号数	摘要	✓	借方											贷方											借或贷	余额										
月	日				亿	千	百	十	万	千	百	十	元	角	分	亿	千	百	十	万	千	百	十	元	角	分		亿	千	百	十	万	千	百	十	元	角	分

年		凭证号数	摘要	√	借方											贷方											借或贷	余额										
月	日				亿	千	百	十	万	千	百	十	元	角	分	亿	千	百	十	万	千	百	十	元	角	分		亿	千	百	十	万	千	百	十	元	角	分

年		凭证号数	摘要	√	借方											贷方											借或贷	余额										
月	日				亿	千	百	十	万	千	百	十	元	角	分	亿	千	百	十	万	千	百	十	元	角	分		亿	千	百	十	万	千	百	十	元	角	分

年		凭证号数	摘要	✓	借方											贷方											借或贷	余额										
月	日				亿	千	百	十	万	千	百	十	元	角	分	亿	千	百	十	万	千	百	十	元	角	分		亿	千	百	十	万	千	百	十	元	角	分

年		凭证号数	摘要	✓	借方											贷方											借或贷	余额										
月	日				亿	千	百	十	万	千	百	十	元	角	分	亿	千	百	十	万	千	百	十	元	角	分		亿	千	百	十	万	千	百	十	元	角	分

年		凭证号数	摘要	√	借方											贷方											借或贷	余额										
月	日				亿	千	百	十	万	千	百	十	元	角	分	亿	千	百	十	万	千	百	十	元	角	分		亿	千	百	十	万	千	百	十	元	角	分

年		凭证号数	摘要	√	借方											贷方											借或贷	余额										
月	日				亿	千	百	十	万	千	百	十	元	角	分	亿	千	百	十	万	千	百	十	元	角	分		亿	千	百	十	万	千	百	十	元	角	分

年		凭证号数	摘要	√	借方											贷方											借或贷	余额										
月	日				亿	千	百	十	万	千	百	十	元	角	分	亿	千	百	十	万	千	百	十	元	角	分		亿	千	百	十	万	千	百	十	元	角	分

年		凭证号数	摘要	√	借方											贷方											借或贷	余额										
月	日				亿	千	百	十	万	千	百	十	元	角	分	亿	千	百	十	万	千	百	十	元	角	分		亿	千	百	十	万	千	百	十	元	角	分

实训五　薪酬会计岗

一、明细分类账
二、总分类账

一、明细分类账

____级科目编号及名称____

____级科目编号及名称____

年		凭证		摘要	对方科目	日页	借方金额											✓	贷方金额											✓	借或贷	余额											✓
月	日	种类	号数				亿	千	百	十	万	千	百	十	元	角	分		亿	千	百	十	万	千	百	十	元	角	分			亿	千	百	十	万	千	百	十	元	角	分	

____级科目编号及名称____

____级科目编号及名称____

年		凭证		摘要	对方科目	日页	借方金额											✓	贷方金额											✓	借或贷	余额											✓
月	日	种类	号数				亿	千	百	十	万	千	百	十	元	角	分		亿	千	百	十	万	千	百	十	元	角	分			亿	千	百	十	万	千	百	十	元	角	分	

级科目编号及名称

级科目编号及名称

年		凭证		摘要	对方科目	日页	借方金额											✓	贷方金额											✓	借或贷	余额											✓
月	日	种类	号数				亿	千	百	十	万	千	百	十	元	角	分		亿	千	百	十	万	千	百	十	元	角	分			亿	千	百	十	万	千	百	十	元	角	分	

级科目编号及名称

级科目编号及名称

年		凭证		摘要	对方科目	日页	借方金额											✓	贷方金额											✓	借或贷	余额											✓
月	日	种类	号数				亿	千	百	十	万	千	百	十	元	角	分		亿	千	百	十	万	千	百	十	元	角	分			亿	千	百	十	万	千	百	十	元	角	分	

级科目编号及名称

级科目编号及名称

年		凭证		摘要	对方科目	日页	借方金额											✓	贷方金额											✓	借或贷	余额											✓
月	日	种类	号数				亿	千	百	十	万	千	百	十	元	角	分		亿	千	百	十	万	千	百	十	元	角	分			亿	千	百	十	万	千	百	十	元	角	分	

级科目编号及名称

级科目编号及名称

年		凭证		摘要	对方科目	日页	借方金额											✓	贷方金额											✓	借或贷	余额											✓
月	日	种类	号数				亿	千	百	十	万	千	百	十	元	角	分		亿	千	百	十	万	千	百	十	元	角	分			亿	千	百	十	万	千	百	十	元	角	分	

____级科目编号及名称____

____级科目编号及名称____

年		凭证		摘要	对方科目	日页	借方金额											✓	贷方金额											✓	借或贷	余额											✓
月	日	种类	号数				亿	千	百	十	万	千	百	十	元	角	分		亿	千	百	十	万	千	百	十	元	角	分			亿	千	百	十	万	千	百	十	元	角	分	

____级科目编号及名称____

____级科目编号及名称____

年		凭证		摘要	对方科目	日页	借方金额											✓	贷方金额											✓	借或贷	余额											✓
月	日	种类	号数				亿	千	百	十	万	千	百	十	元	角	分		亿	千	百	十	万	千	百	十	元	角	分			亿	千	百	十	万	千	百	十	元	角	分	

______级科目编号及名称______

______级科目编号及名称______

年		凭证		摘要	对方科目	日页	借方金额											√	贷方金额											√	借或贷	余额											√
月	日	种类	号数				亿	千	百	十	万	千	百	十	元	角	分		亿	千	百	十	万	千	百	十	元	角	分			亿	千	百	十	万	千	百	十	元	角	分	

______级科目编号及名称______

______级科目编号及名称______

年		凭证		摘要	对方科目	日页	借方金额											√	贷方金额											√	借或贷	余额											√
月	日	种类	号数				亿	千	百	十	万	千	百	十	元	角	分		亿	千	百	十	万	千	百	十	元	角	分			亿	千	百	十	万	千	百	十	元	角	分	

级科目编号及名称

级科目编号及名称

年		凭证		摘要	对方科目	日页	借方金额											√	贷方金额											√	借或贷	余额											√
月	日	种类	号数				亿	千	百	十	万	千	百	十	元	角	分		亿	千	百	十	万	千	百	十	元	角	分			亿	千	百	十	万	千	百	十	元	角	分	

级科目编号及名称

级科目编号及名称

年		凭证		摘要	对方科目	日页	借方金额											√	贷方金额											√	借或贷	余额											√
月	日	种类	号数				亿	千	百	十	万	千	百	十	元	角	分		亿	千	百	十	万	千	百	十	元	角	分			亿	千	百	十	万	千	百	十	元	角	分	

级科目编号及名称
级科目编号及名称

年		凭证		摘要	对方科目	日页	借方金额											✓	贷方金额											✓	借或贷	余额											✓
月	日	种类	号数				亿	千	百	十	万	千	百	十	元	角	分		亿	千	百	十	万	千	百	十	元	角	分			亿	千	百	十	万	千	百	十	元	角	分	

级科目编号及名称
级科目编号及名称

年		凭证		摘要	对方科目	日页	借方金额											✓	贷方金额											✓	借或贷	余额											✓
月	日	种类	号数				亿	千	百	十	万	千	百	十	元	角	分		亿	千	百	十	万	千	百	十	元	角	分			亿	千	百	十	万	千	百	十	元	角	分	

级科目编号及名称

级科目编号及名称

年		凭证		摘要	对方科目	日页	借方金额											✓	贷方金额											✓	借或贷	余额											✓
月	日	种类	号数				亿	千	百	十	万	千	百	十	元	角	分		亿	千	百	十	万	千	百	十	元	角	分			亿	千	百	十	万	千	百	十	元	角	分	

级科目编号及名称

级科目编号及名称

年		凭证		摘要	对方科目	日页	借方金额											✓	贷方金额											✓	借或贷	余额											✓
月	日	种类	号数				亿	千	百	十	万	千	百	十	元	角	分		亿	千	百	十	万	千	百	十	元	角	分			亿	千	百	十	万	千	百	十	元	角	分	

二、总分类账

年		凭证号数	摘要	√	借方											贷方											借或贷	余额										
月	日				亿	千	百	十	万	千	百	十	元	角	分	亿	千	百	十	万	千	百	十	元	角	分		亿	千	百	十	万	千	百	十	元	角	分

年		凭证号数	摘要	√	借方											贷方											借或贷	余额										
月	日				亿	千	百	十	万	千	百	十	元	角	分	亿	千	百	十	万	千	百	十	元	角	分		亿	千	百	十	万	千	百	十	元	角	分

实训六　税务会计岗账簿

一、明细分类账

二、总分类账

一、明细分类账

应交税费（增值税）明细账

2021年		凭证		摘要	借方					贷方					借或贷	余额
月	日	种类	号数		进项税额	已交税费	减免税款	转出未交增值税	合计	销项税额	进项税额转出	出口退税	转出多交增值税	合计		
12	01	记	002	购买材料钢板	15856.75				15856.75						借	15856.75
12	03	记	007	出售消音器						38735.40				38735.40	贷	22878.65
12	04	记	009	销售折让						387.35				387.35	贷	22491.30
12	05	记	012	预订报刊费	297.25				297.25						贷	22194.05
12	10	记	015	购入低值易耗品包装盒	1638.00				1638.00						贷	20556.05
12	14	记	027	支付货款	8775.00				8775.00						贷	11781.05
12	14	记	029	购入办公用品，直接交各部门	120.80				120.80						贷	11660.25
12	15	记	032	购买材料钢板	23008.85				23008.85						借	11348.60
12	16	记	033	预收厂房租金						2477.06				2477.06	借	8871.54
12	18	记	034	出售铝合金油箱，收回货款						11705.75				11705.75	贷	2834.21
12	21	记	035	管理不善存货盘亏							453.05			453.05	贷	3287.26
12	22	记	041	购买铝合金	10530.00				10530.00						借	7242.74
12	24	记	042	支付水费	235.61				235.61						借	7478.35
12	26	记	043	支付电费	346.51				346.51						借	7824.86
12	26	记	046	出售抗性消音器						82893.01				82893.01	贷	75068.15
12	27	记	047	出售报废数控机床						500.44				500.44	贷	75568.59
12	28	记	052	购入机床设备	28105.50				28105.50						贷	47463.09
12	30	记	056	税控系统技术维护费抵减			260.00		260.00						贷	47203.09

级科目编号及名称

级科目编号及名称

年		凭证		摘要	对方科目	日页	借方金额											✓	贷方金额											✓	借或贷	余额											✓
月	日	种类	号数				亿	千	百	十	万	千	百	十	元	角	分		亿	千	百	十	万	千	百	十	元	角	分			亿	千	百	十	万	千	百	十	元	角	分	

级科目编号及名称

级科目编号及名称

年		凭证		摘要	对方科目	日页	借方金额											✓	贷方金额											✓	借或贷	余额											✓
月	日	种类	号数				亿	千	百	十	万	千	百	十	元	角	分		亿	千	百	十	万	千	百	十	元	角	分			亿	千	百	十	万	千	百	十	元	角	分	

______级科目编号及名称______

______级科目编号及名称______

年		凭证		摘要	对方科目	日页	借方金额											✓	贷方金额											✓	借或贷	余额											✓
月	日	种类	号数				亿	千	百	十	万	千	百	十	元	角	分		亿	千	百	十	万	千	百	十	元	角	分			亿	千	百	十	万	千	百	十	元	角	分	

______级科目编号及名称______

______级科目编号及名称______

年		凭证		摘要	对方科目	日页	借方金额											✓	贷方金额											✓	借或贷	余额											✓
月	日	种类	号数				亿	千	百	十	万	千	百	十	元	角	分		亿	千	百	十	万	千	百	十	元	角	分			亿	千	百	十	万	千	百	十	元	角	分	

______级科目编号及名称______

______级科目编号及名称______

年		凭证		摘要	对方科目	日页	借方金额											✓	贷方金额											✓	借或贷	余额											✓
月	日	种类	号数				亿	千	百	十	万	千	百	十	元	角	分		亿	千	百	十	万	千	百	十	元	角	分			亿	千	百	十	万	千	百	十	元	角	分	

______级科目编号及名称______

______级科目编号及名称______

年		凭证		摘要	对方科目	日页	借方金额											✓	贷方金额											✓	借或贷	余额											✓
月	日	种类	号数				亿	千	百	十	万	千	百	十	元	角	分		亿	千	百	十	万	千	百	十	元	角	分			亿	千	百	十	万	千	百	十	元	角	分	

级科目编号及名称
级科目编号及名称

年		凭证		摘要	对方科目	日页	借方金额											√	贷方金额											√	借或贷	余额											√
月	日	种类	号数				亿	千	百	十	万	千	百	十	元	角	分		亿	千	百	十	万	千	百	十	元	角	分			亿	千	百	十	万	千	百	十	元	角	分	

级科目编号及名称
级科目编号及名称

年		凭证		摘要	对方科目	日页	借方金额											√	贷方金额											√	借或贷	余额											√
月	日	种类	号数				亿	千	百	十	万	千	百	十	元	角	分		亿	千	百	十	万	千	百	十	元	角	分			亿	千	百	十	万	千	百	十	元	角	分	

级科目编号及名称

级科目编号及名称

年		凭证		摘要	对方科目	日页	借方金额											✓	贷方金额											✓	借或贷	余额											✓
月	日	种类	号数				亿	千	百	十	万	千	百	十	元	角	分		亿	千	百	十	万	千	百	十	元	角	分			亿	千	百	十	万	千	百	十	元	角	分	

级科目编号及名称

级科目编号及名称

年		凭证		摘要	对方科目	日页	借方金额											✓	贷方金额											✓	借或贷	余额											✓
月	日	种类	号数				亿	千	百	十	万	千	百	十	元	角	分		亿	千	百	十	万	千	百	十	元	角	分			亿	千	百	十	万	千	百	十	元	角	分	

二、总分类账

年		凭证号数	摘要	✓	借方											贷方											借或贷	余额										
月	日				亿	千	百	十	万	千	百	十	元	角	分	亿	千	百	十	万	千	百	十	元	角	分		亿	千	百	十	万	千	百	十	元	角	分

年		凭证号数	摘要	✓	借方											贷方											借或贷	余额										
月	日				亿	千	百	十	万	千	百	十	元	角	分	亿	千	百	十	万	千	百	十	元	角	分		亿	千	百	十	万	千	百	十	元	角	分

年		凭证号数	摘要	√	借方											贷方											借或贷	余额										
月	日				亿	千	百	十	万	千	百	十	元	角	分	亿	千	百	十	万	千	百	十	元	角	分		亿	千	百	十	万	千	百	十	元	角	分

年		凭证号数	摘要	✓	借方											贷方											借或贷	余额										
月	日				亿	千	百	十	万	千	百	十	元	角	分	亿	千	百	十	万	千	百	十	元	角	分		亿	千	百	十	万	千	百	十	元	角	分

实训七　收入与费用会计岗

一、明细分类账

二、总分类账

一、明细分类账

级科目编号及名称

级科目编号及名称

年		凭证		摘要	对方科目	日页	借方金额											✓	贷方金额											✓	借或贷	余额											✓
月	日	种类	号数				亿	千	百	十	万	千	百	十	元	角	分		亿	千	百	十	万	千	百	十	元	角	分			亿	千	百	十	万	千	百	十	元	角	分	

级科目编号及名称

级科目编号及名称

年		凭证		摘要	对方科目	日页	借方金额											✓	贷方金额											✓	借或贷	余额											✓
月	日	种类	号数				亿	千	百	十	万	千	百	十	元	角	分		亿	千	百	十	万	千	百	十	元	角	分			亿	千	百	十	万	千	百	十	元	角	分	

级科目编号及名称
级科目编号及名称

年		凭证		摘要	对方科目	日页	借方金额											✓	贷方金额											✓	借或贷	余额											✓
月	日	种类	号数				亿	千	百	十	万	千	百	十	元	角	分		亿	千	百	十	万	千	百	十	元	角	分			亿	千	百	十	万	千	百	十	元	角	分	

级科目编号及名称
级科目编号及名称

年		凭证		摘要	对方科目	日页	借方金额											✓	贷方金额											✓	借或贷	余额											✓
月	日	种类	号数				亿	千	百	十	万	千	百	十	元	角	分		亿	千	百	十	万	千	百	十	元	角	分			亿	千	百	十	万	千	百	十	元	角	分	

销售费用明细账

年		凭证号数	摘要										
月	日			百十万千百十元角分	百十万千百十元角分	百十万千百十元角分	百十万千百十元角分	百十万千百十元角分	百十万千百十元角分	百十万千百十元角分	百十万千百十元角分	百十万千百十元角分	百十万千百十元角分

销售费用明细账

年		凭证号数	摘要										
月	日			百十万千百十元角分	百十万千百十元角分	百十万千百十元角分	百十万千百十元角分	百十万千百十元角分	百十万千百十元角分	百十万千百十元角分	百十万千百十元角分	百十万千百十元角分	百十万千百十元角分

管理费用明细账

年		凭证号数	摘要										
月	日			百十万千百十元角分	百十万千百十元角分	百十万千百十元角分	百十万千百十元角分	百十万千百十元角分	百十万千百十元角分	百十万千百十元角分	百十万千百十元角分	百十万千百十元角分	百十万千百十元角分

管理费用明细账

年		凭证号数	摘要										
月	日			百十万千百十元角分	百十万千百十元角分	百十万千百十元角分	百十万千百十元角分	百十万千百十元角分	百十万千百十元角分	百十万千百十元角分	百十万千百十元角分	百十万千百十元角分	百十万千百十元角分

财务费用明细账

年		凭证号数	摘要																																																				
月	日			百	十	万	千	百	十	元	角	分	百	十	万	千	百	十	元	角	分	百	十	万	千	百	十	元	角	分	百	十	万	千	百	十	元	角	分	百	十	万	千	百	十	元	角	分	百	十	万	千	百	十	元	角	分

财务费用明细账

年		凭证号数	摘要																																																			
月	日			百	十	万	千	百	十	元	角	分	百	十	万	千	百	十	元	角	分	百	十	万	千	百	十	元	角	分	百	十	万	千	百	十	元	角	分	百	十	万	千	百	十	元	角	分	百	十	万	千	百	十	元	角	分

财务费用明细账

年 月	日	凭证号数	摘要						
				百十万千百十元角分	百十万千百十元角分	百十万千百十元角分	百十万千百十元角分	百十万千百十元角分	百十万千百十元角分

财务费用明细账

年 月	日	凭证号数	摘要						
				百十万千百十元角分	百十万千百十元角分	百十万千百十元角分	百十万千百十元角分	百十万千百十元角分	百十万千百十元角分

二、总分类账

年		凭证号数	摘要	✓	借方											贷方											借或贷	余额										
月	日				亿	千	百	十	万	千	百	十	元	角	分	亿	千	百	十	万	千	百	十	元	角	分		亿	千	百	十	万	千	百	十	元	角	分

年		凭证号数	摘要	✓	借方											贷方											借或贷	余额										
月	日				亿	千	百	十	万	千	百	十	元	角	分	亿	千	百	十	万	千	百	十	元	角	分		亿	千	百	十	万	千	百	十	元	角	分

年		凭证号数	摘要	✓	借方											贷方											借或贷	余额										
月	日				亿	千	百	十	万	千	百	十	元	角	分	亿	千	百	十	万	千	百	十	元	角	分		亿	千	百	十	万	千	百	十	元	角	分

年		凭证号数	摘要	✓	借方											贷方											借或贷	余额										
月	日				亿	千	百	十	万	千	百	十	元	角	分	亿	千	百	十	万	千	百	十	元	角	分		亿	千	百	十	万	千	百	十	元	角	分

年		凭证号数	摘要	✓	借方											贷方											借或贷	余额										
月	日				亿	千	百	十	万	千	百	十	元	角	分	亿	千	百	十	万	千	百	十	元	角	分		亿	千	百	十	万	千	百	十	元	角	分

年		凭证号数	摘要	✓	借方											贷方											借或贷	余额										
月	日				亿	千	百	十	万	千	百	十	元	角	分	亿	千	百	十	万	千	百	十	元	角	分		亿	千	百	十	万	千	百	十	元	角	分

年		凭证号数	摘要	✓	借方											贷方											借或贷	余额										
月	日				亿	千	百	十	万	千	百	十	元	角	分	亿	千	百	十	万	千	百	十	元	角	分		亿	千	百	十	万	千	百	十	元	角	分

年		凭证号数	摘要	✓	借方											贷方											借或贷	余额										
月	日				亿	千	百	十	万	千	百	十	元	角	分	亿	千	百	十	万	千	百	十	元	角	分		亿	千	百	十	万	千	百	十	元	角	分

实训八　投资与筹资会计岗

一、明细分类账

二、总分类账

一、明细分类账

级科目编号及名称

级科目编号及名称

年		凭证		摘要	对方科目	日页	借方金额											√	贷方金额											√	借或贷	余额											√
月	日	种类	号数				亿	千	百	十	万	千	百	十	元	角	分		亿	千	百	十	万	千	百	十	元	角	分			亿	千	百	十	万	千	百	十	元	角	分	

级科目编号及名称

级科目编号及名称

年		凭证		摘要	对方科目	日页	借方金额											√	贷方金额											√	借或贷	余额											√
月	日	种类	号数				亿	千	百	十	万	千	百	十	元	角	分		亿	千	百	十	万	千	百	十	元	角	分			亿	千	百	十	万	千	百	十	元	角	分	

级科目编号及名称

级科目编号及名称

年		凭证		摘要	对方科目	日页	借方金额											√	贷方金额											√	借或贷	余额											√
月	日	种类	号数				亿	千	百	十	万	千	百	十	元	角	分		亿	千	百	十	万	千	百	十	元	角	分			亿	千	百	十	万	千	百	十	元	角	分	

级科目编号及名称

级科目编号及名称

年		凭证		摘要	对方科目	日页	借方金额											√	贷方金额											√	借或贷	余额											√
月	日	种类	号数				亿	千	百	十	万	千	百	十	元	角	分		亿	千	百	十	万	千	百	十	元	角	分			亿	千	百	十	万	千	百	十	元	角	分	

级科目编号及名称

级科目编号及名称

年		凭证		摘要	对方科目	日页	借方金额	✓	贷方金额	✓	借或贷	余额	✓
月	日	种类	号数				亿千百十万千百十元角分		亿千百十万千百十元角分			亿千百十万千百十元角分	

级科目编号及名称

级科目编号及名称

年		凭证		摘要	对方科目	日页	借方金额	✓	贷方金额	✓	借或贷	余额	✓
月	日	种类	号数				亿千百十万千百十元角分		亿千百十万千百十元角分			亿千百十万千百十元角分	

级科目编号及名称

级科目编号及名称

年		凭证		摘要	对方科目	日页	借方金额											✓	贷方金额											✓	借或贷	余额											✓
月	日	种类	号数				亿	千	百	十	万	千	百	十	元	角	分		亿	千	百	十	万	千	百	十	元	角	分			亿	千	百	十	万	千	百	十	元	角	分	

级科目编号及名称

级科目编号及名称

年		凭证		摘要	对方科目	日页	借方金额											✓	贷方金额											✓	借或贷	余额											✓
月	日	种类	号数				亿	千	百	十	万	千	百	十	元	角	分		亿	千	百	十	万	千	百	十	元	角	分			亿	千	百	十	万	千	百	十	元	角	分	

级科目编号及名称
级科目编号及名称

年		凭证		摘要	对方科目	日页	借方金额											✓	贷方金额											✓	借或贷	余额											✓
月	日	种类	号数				亿	千	百	十	万	千	百	十	元	角	分		亿	千	百	十	万	千	百	十	元	角	分			亿	千	百	十	万	千	百	十	元	角	分	

级科目编号及名称
级科目编号及名称

年		凭证		摘要	对方科目	日页	借方金额											✓	贷方金额											✓	借或贷	余额											✓
月	日	种类	号数				亿	千	百	十	万	千	百	十	元	角	分		亿	千	百	十	万	千	百	十	元	角	分			亿	千	百	十	万	千	百	十	元	角	分	

级科目编号及名称

级科目编号及名称

年		凭证		摘要	对方科目	日页	借方金额											✓	贷方金额											✓	借或贷	余额											✓
月	日	种类	号数				亿	千	百	十	万	千	百	十	元	角	分		亿	千	百	十	万	千	百	十	元	角	分			亿	千	百	十	万	千	百	十	元	角	分	

级科目编号及名称

级科目编号及名称

年		凭证		摘要	对方科目	日页	借方金额											✓	贷方金额											✓	借或贷	余额											✓
月	日	种类	号数				亿	千	百	十	万	千	百	十	元	角	分		亿	千	百	十	万	千	百	十	元	角	分			亿	千	百	十	万	千	百	十	元	角	分	

级科目编号及名称
级科目编号及名称

年		凭证		摘要	对方科目	日页	借方金额											✓	贷方金额											✓	借或贷	余额											✓
月	日	种类	号数				亿	千	百	十	万	千	百	十	元	角	分		亿	千	百	十	万	千	百	十	元	角	分			亿	千	百	十	万	千	百	十	元	角	分	

级科目编号及名称
级科目编号及名称

年		凭证		摘要	对方科目	日页	借方金额											✓	贷方金额											✓	借或贷	余额											✓
月	日	种类	号数				亿	千	百	十	万	千	百	十	元	角	分		亿	千	百	十	万	千	百	十	元	角	分			亿	千	百	十	万	千	百	十	元	角	分	

级科目编号及名称

级科目编号及名称

年		凭证		摘要	对方科目	日页	借方金额											√	贷方金额											√	借或贷	余额											√
月	日	种类	号数				亿	千	百	十	万	千	百	十	元	角	分		亿	千	百	十	万	千	百	十	元	角	分			亿	千	百	十	万	千	百	十	元	角	分	

级科目编号及名称

级科目编号及名称

年		凭证		摘要	对方科目	日页	借方金额											√	贷方金额											√	借或贷	余额											√
月	日	种类	号数				亿	千	百	十	万	千	百	十	元	角	分		亿	千	百	十	万	千	百	十	元	角	分			亿	千	百	十	万	千	百	十	元	角	分	

级科目编号及名称

级科目编号及名称

年		凭证		摘要	对方科目	日页	借方金额											✓	贷方金额											✓	借或贷	余额											✓
月	日	种类	号数				亿	千	百	十	万	千	百	十	元	角	分		亿	千	百	十	万	千	百	十	元	角	分			亿	千	百	十	万	千	百	十	元	角	分	

级科目编号及名称

级科目编号及名称

年		凭证		摘要	对方科目	日页	借方金额											✓	贷方金额											✓	借或贷	余额											✓
月	日	种类	号数				亿	千	百	十	万	千	百	十	元	角	分		亿	千	百	十	万	千	百	十	元	角	分			亿	千	百	十	万	千	百	十	元	角	分	

级科目编号及名称

级科目编号及名称

年		凭证		摘要	对方科目	日页	借方金额											√	贷方金额											√	借或贷	余额											√
月	日	种类	号数				亿	千	百	十	万	千	百	十	元	角	分		亿	千	百	十	万	千	百	十	元	角	分			亿	千	百	十	万	千	百	十	元	角	分	

级科目编号及名称

级科目编号及名称

年		凭证		摘要	对方科目	日页	借方金额											√	贷方金额											√	借或贷	余额											√
月	日	种类	号数				亿	千	百	十	万	千	百	十	元	角	分		亿	千	百	十	万	千	百	十	元	角	分			亿	千	百	十	万	千	百	十	元	角	分	

级科目编号及名称
级科目编号及名称

年		凭证		摘要	对方科目	日页	借方金额											✓	贷方金额											✓	借或贷	余额											✓
月	日	种类	号数				亿	千	百	十	万	千	百	十	元	角	分		亿	千	百	十	万	千	百	十	元	角	分			亿	千	百	十	万	千	百	十	元	角	分	

级科目编号及名称
级科目编号及名称

年		凭证		摘要	对方科目	日页	借方金额											✓	贷方金额											✓	借或贷	余额											✓
月	日	种类	号数				亿	千	百	十	万	千	百	十	元	角	分		亿	千	百	十	万	千	百	十	元	角	分			亿	千	百	十	万	千	百	十	元	角	分	

______级科目编号及名称______

______级科目编号及名称______

年		凭证		摘要	对方科目	日页	借方金额											✓	贷方金额											✓	借或贷	余额											✓
月	日	种类	号数				亿	千	百	十	万	千	百	十	元	角	分		亿	千	百	十	万	千	百	十	元	角	分			亿	千	百	十	万	千	百	十	元	角	分	

______级科目编号及名称______

______级科目编号及名称______

年		凭证		摘要	对方科目	日页	借方金额											✓	贷方金额											✓	借或贷	余额											✓
月	日	种类	号数				亿	千	百	十	万	千	百	十	元	角	分		亿	千	百	十	万	千	百	十	元	角	分			亿	千	百	十	万	千	百	十	元	角	分	

二、总分类账

年		凭证号数	摘要	√	借方											贷方											借或贷	余额										
月	日				亿	千	百	十	万	千	百	十	元	角	分	亿	千	百	十	万	千	百	十	元	角	分		亿	千	百	十	万	千	百	十	元	角	分

年		凭证号数	摘要	√	借方											贷方											借或贷	余额										
月	日				亿	千	百	十	万	千	百	十	元	角	分	亿	千	百	十	万	千	百	十	元	角	分		亿	千	百	十	万	千	百	十	元	角	分

年		凭证号数	摘要	✓	借方											贷方											借或贷	余额										
月	日				亿	千	百	十	万	千	百	十	元	角	分	亿	千	百	十	万	千	百	十	元	角	分		亿	千	百	十	万	千	百	十	元	角	分

年		凭证号数	摘要	✓	借方											贷方											借或贷	余额										
月	日				亿	千	百	十	万	千	百	十	元	角	分	亿	千	百	十	万	千	百	十	元	角	分		亿	千	百	十	万	千	百	十	元	角	分

年		凭证号数	摘要	√	借方											贷方											借或贷	余额										
月	日				亿	千	百	十	万	千	百	十	元	角	分	亿	千	百	十	万	千	百	十	元	角	分		亿	千	百	十	万	千	百	十	元	角	分

年		凭证号数	摘要	√	借方											贷方											借或贷	余额										
月	日				亿	千	百	十	万	千	百	十	元	角	分	亿	千	百	十	万	千	百	十	元	角	分		亿	千	百	十	万	千	百	十	元	角	分

年		凭证号数	摘要	✓	借方											贷方											借或贷	余额										
月	日				亿	千	百	十	万	千	百	十	元	角	分	亿	千	百	十	万	千	百	十	元	角	分		亿	千	百	十	万	千	百	十	元	角	分

年		凭证号数	摘要	✓	借方											贷方											借或贷	余额										
月	日				亿	千	百	十	万	千	百	十	元	角	分	亿	千	百	十	万	千	百	十	元	角	分		亿	千	百	十	万	千	百	十	元	角	分

年		凭证号数	摘要	✓	借方											贷方											借或贷	余额										
月	日				亿	千	百	十	万	千	百	十	元	角	分	亿	千	百	十	万	千	百	十	元	角	分		亿	千	百	十	万	千	百	十	元	角	分

年		凭证号数	摘要	✓	借方											贷方											借或贷	余额										
月	日				亿	千	百	十	万	千	百	十	元	角	分	亿	千	百	十	万	千	百	十	元	角	分		亿	千	百	十	万	千	百	十	元	角	分

年		凭证号数	摘要	✓	借方											贷方											借或贷	余额										
月	日				亿	千	百	十	万	千	百	十	元	角	分	亿	千	百	十	万	千	百	十	元	角	分		亿	千	百	十	万	千	百	十	元	角	分

年		凭证号数	摘要	✓	借方											贷方											借或贷	余额										
月	日				亿	千	百	十	万	千	百	十	元	角	分	亿	千	百	十	万	千	百	十	元	角	分		亿	千	百	十	万	千	百	十	元	角	分

年		凭证号数	摘要	✓	借方											贷方											借或贷	余额										
月	日				亿	千	百	十	万	千	百	十	元	角	分	亿	千	百	十	万	千	百	十	元	角	分		亿	千	百	十	万	千	百	十	元	角	分

年		凭证号数	摘要	✓	借方											贷方											借或贷	余额										
月	日				亿	千	百	十	万	千	百	十	元	角	分	亿	千	百	十	万	千	百	十	元	角	分		亿	千	百	十	万	千	百	十	元	角	分

年		凭证号数	摘要	✓	借方											贷方											借或贷	余额										
月	日				亿	千	百	十	万	千	百	十	元	角	分	亿	千	百	十	万	千	百	十	元	角	分		亿	千	百	十	万	千	百	十	元	角	分

年		凭证号数	摘要	✓	借方											贷方											借或贷	余额										
月	日				亿	千	百	十	万	千	百	十	元	角	分	亿	千	百	十	万	千	百	十	元	角	分		亿	千	百	十	万	千	百	十	元	角	分

实训九　总账会计岗

一、发生额表

二、明细分类账

三、总分类账

四、报表

一、发生额表

烟台兴茂机械制造有限公司 2021 年 12 月有关科目
月初余额及损益结转和利润分配后发生额表

单位:元

账户名称	月初余额		损益结转和利润分配后发生额		期末余额	
	借方余额	贷方余额	借方发生额	贷方发生额	借方余额	贷方余额
库存现金	7 100.00					
银行存款	6 295 418.47					
其他货币资金	140 000.00					
交易性金融资产	522 000.00					
应收票据	78 452.60					
应收账款	1 255 717.31					
——济南信达汽车配件有限公司	470 051.60					
——泰安嘉华汽车配件有限公司	385 000.00					
——烟台三立有限公司	350 299.71					
——威海东恒公司	5 366.00					
——烟台益德商贸有限公司	45 000.00					
坏账准备		50 000.00				
预付账款	30 700.00					
——上海东方汽车杂志社	700.00					
——重庆华宇机械有限公司	30 000.00					
其他应收款	15 402.80					
应收股利	0.00					
应收利息	0.00					
材料采购	35 000.00					
原材料	831 250.00					
周转材料	3 600.00					
材料成本差异		1 000.00				

续 表

账户名称	月初余额		损益结转和利润分配后发生额		期末余额	
	借方余额	贷方余额	借方发生额	贷方发生额	借方余额	贷方余额
库存商品	2 633 191.14					
存货跌价准备		3 452.60				
长期股权投资	600 000.00					
债权投资	203 000.00					
其他权益工具投资	0.00					
投资性房地产	0.00					
固定资产	6 864 774.69					
累计折旧		2 734 903.66				
固定资产减值准备		5 237.48				
无形资产	310 000.00					
累计摊销		0.00				
递延所得税资产	2 280.00					
待处理财产损溢	0.00					
短期借款		550 000.00				
应付票据		140 000.00				
应付账款		671 024.10				
——济南飞达工业集团		409 024.10				
——重庆恒星钢材有限公司		262 000.00				
预收账款		45 504.57				
——济宁东方专用车有限公司		5 504.57				
——山东华顺汽车配件有限公司		40 000.00				
应付职工薪酬		112 370.00				
应交税费		75 716.82				
应付利息		23 100.00				
应付股利		0.00				
其他应付款		50 550.00				

续　表

账户名称	月初余额		损益结转和利润分配后发生额		期末余额	
	借方余额	贷方余额	借方发生额	贷方发生额	借方余额	贷方余额
长期借款		600 000.00				
递延所得税负债		7 300.00				
实收资本		7 850 000.00				
资本公积		280 000.00				
其他综合收益		0.00				
盈余公积		513 208.60				
本年利润		1 699 098.68				
利润分配		4 843 554.56				
生产成本	428 134.06					
制造费用	0.00					
主营业务收入		0.00				
其他业务收入		0.00				
投资收益		0.00				
公允价值变动损益		0.00				
主营业务成本	0.00					
其他业务成本	0.00					
税金及附加	0.00					
销售费用	0.00					
管理费用	0.00					
财务费用	0.00					
资产减值损失	0.00					
信用减值损失	0.00					
营业外支出	0.00					
所得税费用	0.00					
合计	20 256 021.07	20 256 021.07				

二、明细分类账

级科目编号及名称

级科目编号及名称

年		凭证		摘要	对方科目	日页	借方金额											✓	贷方金额											✓	借或贷	余额											✓
月	日	种类	号数				亿	千	百	十	万	千	百	十	元	角	分		亿	千	百	十	万	千	百	十	元	角	分			亿	千	百	十	万	千	百	十	元	角	分	

级科目编号及名称

级科目编号及名称

年		凭证		摘要	对方科目	日页	借方金额											✓	贷方金额											✓	借或贷	余额											✓
月	日	种类	号数				亿	千	百	十	万	千	百	十	元	角	分		亿	千	百	十	万	千	百	十	元	角	分			亿	千	百	十	万	千	百	十	元	角	分	

级科目编号及名称

级科目编号及名称

年		凭证		摘要	对方科目	日页	借方金额											✓	贷方金额											✓	借或贷	余额											✓
月	日	种类	号数				亿	千	百	十	万	千	百	十	元	角	分		亿	千	百	十	万	千	百	十	元	角	分			亿	千	百	十	万	千	百	十	元	角	分	

级科目编号及名称

级科目编号及名称

年		凭证		摘要	对方科目	日页	借方金额											✓	贷方金额											✓	借或贷	余额											✓
月	日	种类	号数				亿	千	百	十	万	千	百	十	元	角	分		亿	千	百	十	万	千	百	十	元	角	分			亿	千	百	十	万	千	百	十	元	角	分	

级科目编号及名称

级科目编号及名称

年		凭证		摘要	对方科目	日页	借方金额											✓	贷方金额											✓	借或贷	余额											✓
月	日	种类	号数				亿	千	百	十	万	千	百	十	元	角	分		亿	千	百	十	万	千	百	十	元	角	分			亿	千	百	十	万	千	百	十	元	角	分	

级科目编号及名称

级科目编号及名称

年		凭证		摘要	对方科目	日页	借方金额											✓	贷方金额											✓	借或贷	余额											✓
月	日	种类	号数				亿	千	百	十	万	千	百	十	元	角	分		亿	千	百	十	万	千	百	十	元	角	分			亿	千	百	十	万	千	百	十	元	角	分	

级科目编号及名称

级科目编号及名称

年		凭证		摘 要	对方科目	日页	借方金额											✓	贷方金额											✓	借或贷	余额											✓
月	日	种类	号数				亿	千	百	十	万	千	百	十	元	角	分		亿	千	百	十	万	千	百	十	元	角	分			亿	千	百	十	万	千	百	十	元	角	分	

级科目编号及名称

级科目编号及名称

年		凭证		摘 要	对方科目	日页	借方金额											✓	贷方金额											✓	借或贷	余额											✓
月	日	种类	号数				亿	千	百	十	万	千	百	十	元	角	分		亿	千	百	十	万	千	百	十	元	角	分			亿	千	百	十	万	千	百	十	元	角	分	

级科目编号及名称

级科目编号及名称

年		凭证		摘要	对方科目	日页	借方金额											✓	贷方金额											✓	借或贷	余额											✓
月	日	种类	号数				亿	千	百	十	万	千	百	十	元	角	分		亿	千	百	十	万	千	百	十	元	角	分			亿	千	百	十	万	千	百	十	元	角	分	

级科目编号及名称

级科目编号及名称

年		凭证		摘要	对方科目	日页	借方金额											✓	贷方金额											✓	借或贷	余额											✓
月	日	种类	号数				亿	千	百	十	万	千	百	十	元	角	分		亿	千	百	十	万	千	百	十	元	角	分			亿	千	百	十	万	千	百	十	元	角	分	

级科目编号及名称
级科目编号及名称

年		凭证		摘要	对方科目	日页	借方金额											✓	贷方金额											✓	借或贷	余额											✓
月	日	种类	号数				亿	千	百	十	万	千	百	十	元	角	分		亿	千	百	十	万	千	百	十	元	角	分			亿	千	百	十	万	千	百	十	元	角	分	

级科目编号及名称
级科目编号及名称

年		凭证		摘要	对方科目	日页	借方金额											✓	贷方金额											✓	借或贷	余额											✓
月	日	种类	号数				亿	千	百	十	万	千	百	十	元	角	分		亿	千	百	十	万	千	百	十	元	角	分			亿	千	百	十	万	千	百	十	元	角	分	

三、总分类账

年		凭证号数	摘要	✓	借方											贷方											借或贷	余额										
月	日				亿	千	百	十	万	千	百	十	元	角	分	亿	千	百	十	万	千	百	十	元	角	分		亿	千	百	十	万	千	百	十	元	角	分

年		凭证号数	摘要	✓	借方											贷方											借或贷	余额										
月	日				亿	千	百	十	万	千	百	十	元	角	分	亿	千	百	十	万	千	百	十	元	角	分		亿	千	百	十	万	千	百	十	元	角	分

年		凭证号数	摘要	✓	借方											贷方											借或贷	余额										
月	日				亿	千	百	十	万	千	百	十	元	角	分	亿	千	百	十	万	千	百	十	元	角	分		亿	千	百	十	万	千	百	十	元	角	分

年		凭证号数	摘要	✓	借方											贷方											借或贷	余额										
月	日				亿	千	百	十	万	千	百	十	元	角	分	亿	千	百	十	万	千	百	十	元	角	分		亿	千	百	十	万	千	百	十	元	角	分

年		凭证号数	摘要	✓	借方											贷方											借或贷	余额										
月	日				亿	千	百	十	万	千	百	十	元	角	分	亿	千	百	十	万	千	百	十	元	角	分		亿	千	百	十	万	千	百	十	元	角	分

年		凭证号数	摘要	✓	借方											贷方											借或贷	余额										
月	日				亿	千	百	十	万	千	百	十	元	角	分	亿	千	百	十	万	千	百	十	元	角	分		亿	千	百	十	万	千	百	十	元	角	分

四、报表

资产负债表

编制单位:烟台兴茂机械制造有限公司　　2021 年 12 月 31 日　　单位:元

资产	行次	期末余额	上年年末余额	负债及所有者权益	行次	期末余额	上年年末余额
流动资产:				流动负债:			
货币资金	1		5 403 584.83	短期借款	35		660 000.00
交易性金融资产	2		522 000.00	交易性金融负债	36		—
衍生金融资产	3		—	衍生金融负债	37		—
应收票据	4		69 500.00	应付票据	38		190 000.00
应收账款	5		1 352 251.35	应付账款	39		771 385.00
应收款项融资	6		—	预收款项	40		83 175.65
预付款项	7		42 505.00	合同负债	41		—
其他应收款	8		15 473.68	应付职工薪酬	42		114 610.00
存货	9		1 769 533.61	应交税费	43		92 476.65
合同资产	10		—	其他应付款	44		38 490.00
持有待售资产	11		—	持有待售负债	45		—
一年内到期的非流动资产	12		—	一年内到期的非流动负债	46		—
其他流动资产	13		—	其他流动负债	47		—
流动资产合计	14		9 174 848.47	流动负债合计	48		1 950 137.30
非流动资产:				非流动负债:			
债权投资	15		—	长期借款	49		900 000.00
其他债权投资	16		—	应付债券	50		—
长期应收款	17		—	其中:优先股	51		—
长期股权投资	18		600 000.00	永续债	52		—
其他权益工具投资	19		—	租赁负债	53		—
其他非流动金融资产	20		—	长期应付款	54		—
投资性房地产	21		—	预计负债	55		—
固定资产	22		5 902 242.61	递延收益	56		—
在建工程	23		—	递延所得税负债	57		7 300.00

续　表

资产	行次	期末余额	上年年末余额	负债及所有者权益	行次	期末余额	上年年末余额
生产性生物资产	24		—	其他非流动负债	58		—
油气资产	25		—	非流动负债合计	59		907 300.00
使用权资产	26		—	负债合计	60		2 857 437.30
无形资产	27		678 000.00	所有者权益(或股东权益):			
开发支出	28		—	实收资本(或股本)	61		7 850 000.00
商誉	29		—	其他权益工具	62		—
长期待摊费用	30		—	其中:优先股	63		—
递延所得税资产	31		2 280.00	永续债	64		—
其他非流动资产	32		—	资本公积	65		280 000.00
非流动资产合计	33		7 182 522.61	减:库存股	66		—
				其他综合收益	67		—
				专项储备	68		—
				盈余公积	69		513 208.60
				未分配利润	70		4 856 725.18
				所有者权益(或股东权益)合计	71		13 499 933.78
资产总计	34		16 357 371.08	负债及所有者权益总计	72		16 357 371.08

单位负责人:孔祥瑞　　　　主管会计工作负责人:张　丽

利　润　表

编制单位：烟台兴茂机械制造有限公司　　　2021 年 12 月　　　单位：元

项　目	行次	本月金额
一、营业收入	1	
减：营业成本	2	
税金及附加	3	
销售费用	4	
管理费用	5	
研发费用	6	
财务费用	7	
其中：利息费用	8	
利息收入	9	
加：其他收益	10	
投资收益（损失以“—”号填列）	11	
其中：对联营企业和合营企业的投资收益	12	
以摊余成本计量的金融资产终止确认收益（损失以“—”号填列）	13	
净敞口套期收益（损失以“—”号填列）	14	
公允价值变动收益（损失以“—”号填列）	15	
信用减值损失（损失以“—”号填列）	16	
资产减值损失（损失以“—”号填列）	17	
资产处置收益（损失以“—”号填列）	18	
二、营业利润（亏损以“—”号填列）	19	
加：营业外收入	20	
减：营业外支出	21	
三、利润总额（亏损以“—”号填列）	22	
减：所得税费用	23	
四、净利润（净亏损以“—”号填列）	24	
（一）持续经营净利润（净亏损以“—”号填列）	25	
（二）终止经营净利润（净亏损以“—”号填列）	26	
五、其他综合收益的税后净额	27	
六、综合收益总额	28	
七、每股收益：	29	
（一）基本每股收益	30	
（二）稀释每股收益	31	

单位负责人：孔祥瑞　　　主管会计工作负责人：张　丽

记 账 凭 证

记 账 凭 证

年 月 日　　　　字第 号

摘要	总账科目	明细科目	借方金额											记账	贷方金额											记账
			亿	千	百	十	万	千	百	十	元	角	分		亿	千	百	十	万	千	百	十	元	角	分	
合计																										

附件单据 张

财务主管：　　记账：　　出纳：　　审核：　　制单：

记 账 凭 证

年 月 日　　　　字第 号

摘要	总账科目	明细科目	借方金额											记账	贷方金额											记账
			亿	千	百	十	万	千	百	十	元	角	分		亿	千	百	十	万	千	百	十	元	角	分	
合计																										

附件单据 张

财务主管：　　记账：　　出纳：　　审核：　　制单：

记 账 凭 证

年 月 日　　　　字第 号

摘　要	总账科目	明细科目	借方金额											记账	贷方金额											记账
			亿	千	百	十	万	千	百	十	元	角	分		亿	千	百	十	万	千	百	十	元	角	分	
	合　计																									

附件单据　张

财务主管：　　记账：　　出纳：　　审核：　　制单：

记 账 凭 证

年 月 日　　　　字第 号

摘　要	总账科目	明细科目	借方金额											记账	贷方金额											记账
			亿	千	百	十	万	千	百	十	元	角	分		亿	千	百	十	万	千	百	十	元	角	分	
	合　计																									

附件单据　张

财务主管：　　记账：　　出纳：　　审核：　　制单：

记 账 凭 证

年 月 日 字第 号

摘 要	总账科目	明细科目	借方金额											记账	贷方金额											记账
			亿	千	百	十	万	千	百	十	元	角	分		亿	千	百	十	万	千	百	十	元	角	分	
合 计																										

附件单据 张

财务主管： 记账： 出纳： 审核： 制单：

记 账 凭 证

年 月 日 字第 号

摘 要	总账科目	明细科目	借方金额											记账	贷方金额											记账
			亿	千	百	十	万	千	百	十	元	角	分		亿	千	百	十	万	千	百	十	元	角	分	
合 计																										

附件单据 张

财务主管： 记账： 出纳： 审核： 制单：

记 账 凭 证

年　　月　　日　　　　　　　　字第　　号

摘　要	总账科目	明细科目	借方金额											记账	贷方金额											记账
			亿	千	百	十	万	千	百	十	元	角	分		亿	千	百	十	万	千	百	十	元	角	分	
合　计																										

附件单据　　张

财务主管：　　记账：　　出纳：　　审核：　　制单：

记 账 凭 证

年　　月　　日　　　　　　　　字第　　号

摘　要	总账科目	明细科目	借方金额											记账	贷方金额											记账
			亿	千	百	十	万	千	百	十	元	角	分		亿	千	百	十	万	千	百	十	元	角	分	
合　计																										

附件单据　　张

财务主管：　　记账：　　出纳：　　审核：　　制单：

记 账 凭 证

年　　月　　日　　　　　　　　字第　　号

摘　　要	总账科目	明细科目	借方金额											记账	贷方金额											记账
			亿	千	百	十	万	千	百	十	元	角	分		亿	千	百	十	万	千	百	十	元	角	分	
合　计																										

附件单据　　张

财务主管：　　记账：　　出纳：　　审核：　　制单：

记 账 凭 证

年　　月　　日　　　　　　　　字第　　号

摘　　要	总账科目	明细科目	借方金额											记账	贷方金额											记账
			亿	千	百	十	万	千	百	十	元	角	分		亿	千	百	十	万	千	百	十	元	角	分	
合　计																										

附件单据　　张

财务主管：　　记账：　　出纳：　　审核：　　制单：

记账凭证

年　　月　　日　　　　　　　　字第　　号

摘　要	总账科目	明细科目	借方金额											记账	贷方金额											记账
			亿	千	百	十	万	千	百	十	元	角	分		亿	千	百	十	万	千	百	十	元	角	分	
合　计																										

附件单据　　张

财务主管：　　记账：　　出纳：　　审核：　　制单：

记账凭证

年　　月　　日　　　　　　　　字第　　号

摘　要	总账科目	明细科目	借方金额											记账	贷方金额											记账
			亿	千	百	十	万	千	百	十	元	角	分		亿	千	百	十	万	千	百	十	元	角	分	
合　计																										

附件单据　　张

财务主管：　　记账：　　出纳：　　审核：　　制单：

记 账 凭 证

年　　月　　日　　　　　　　　字第　　号

摘　要	总账科目	明细科目	借方金额											记账	贷方金额											记账
			亿	千	百	十	万	千	百	十	元	角	分		亿	千	百	十	万	千	百	十	元	角	分	
合　计																										

附件单据　　张

财务主管：　　记账：　　出纳：　　审核：　　制单：

记 账 凭 证

年　　月　　日　　　　　　　　字第　　号

摘　要	总账科目	明细科目	借方金额											记账	贷方金额											记账
			亿	千	百	十	万	千	百	十	元	角	分		亿	千	百	十	万	千	百	十	元	角	分	
合　计																										

附件单据　　张

财务主管：　　记账：　　出纳：　　审核：　　制单：

记 账 凭 证

年　　月　　日　　　　　　　　字第　　号

摘　要	总账科目	明细科目	借方金额											记账	贷方金额											记账
			亿	千	百	十	万	千	百	十	元	角	分		亿	千	百	十	万	千	百	十	元	角	分	
合　计																										

附件单据　　张

财务主管：　　记账：　　出纳：　　审核：　　制单：

记 账 凭 证

年　　月　　日　　　　　　　　字第　　号

摘　要	总账科目	明细科目	借方金额											记账	贷方金额											记账
			亿	千	百	十	万	千	百	十	元	角	分		亿	千	百	十	万	千	百	十	元	角	分	
合　计																										

附件单据　　张

财务主管：　　记账：　　出纳：　　审核：　　制单：

记 账 凭 证

年　　月　　日　　　　　　　　字第　　号

摘要	总账科目	明细科目	借方金额											记账	贷方金额											记账
			亿	千	百	十	万	千	百	十	元	角	分		亿	千	百	十	万	千	百	十	元	角	分	
合计																										

附件单据　　张

财务主管：　　记账：　　出纳：　　审核：　　制单：

记 账 凭 证

年　　月　　日　　　　　　　　字第　　号

摘要	总账科目	明细科目	借方金额											记账	贷方金额											记账
			亿	千	百	十	万	千	百	十	元	角	分		亿	千	百	十	万	千	百	十	元	角	分	
合计																										

附件单据　　张

财务主管：　　记账：　　出纳：　　审核：　　制单：

记 账 凭 证

年 月 日　　　　字第 号

摘要	总账科目	明细科目	借方金额											记账	贷方金额											记账
			亿	千	百	十	万	千	百	十	元	角	分		亿	千	百	十	万	千	百	十	元	角	分	
合计																										

附件单据 张

财务主管：　　记账：　　出纳：　　审核：　　制单：

记 账 凭 证

年 月 日　　　　字第 号

摘要	总账科目	明细科目	借方金额											记账	贷方金额											记账
			亿	千	百	十	万	千	百	十	元	角	分		亿	千	百	十	万	千	百	十	元	角	分	
合计																										

附件单据 张

财务主管：　　记账：　　出纳：　　审核：　　制单：

记账凭证

年　　月　　日　　　　　　　　字第　　号

摘要	总账科目	明细科目	借方金额											记账	贷方金额											记账
			亿	千	百	十	万	千	百	十	元	角	分		亿	千	百	十	万	千	百	十	元	角	分	
合计																										

附件单据　　张

财务主管：　　记账：　　出纳：　　审核：　　制单：

记账凭证

年　　月　　日　　　　　　　　字第　　号

摘要	总账科目	明细科目	借方金额											记账	贷方金额											记账
			亿	千	百	十	万	千	百	十	元	角	分		亿	千	百	十	万	千	百	十	元	角	分	
合计																										

附件单据　　张

财务主管：　　记账：　　出纳：　　审核：　　制单：

记 账 凭 证

年　　月　　日　　　　　　　　　　　　字第　　号

摘　　要	总账科目	明细科目	借方金额											记账	贷方金额											记账
			亿	千	百	十	万	千	百	十	元	角	分		亿	千	百	十	万	千	百	十	元	角	分	
合　　计																										

附件单据　　张

财务主管：　　　　记账：　　　　出纳：　　　　审核：　　　　制单：

记 账 凭 证

年　　月　　日　　　　　　　　　　　　字第　　号

摘　　要	总账科目	明细科目	借方金额											记账	贷方金额											记账
			亿	千	百	十	万	千	百	十	元	角	分		亿	千	百	十	万	千	百	十	元	角	分	
合　　计																										

附件单据　　张

财务主管：　　　　记账：　　　　出纳：　　　　审核：　　　　制单：

记 账 凭 证

年 月 日 字第 号

摘 要	总账科目	明细科目	借方金额											记账	贷方金额											记账
			亿	千	百	十	万	千	百	十	元	角	分		亿	千	百	十	万	千	百	十	元	角	分	
合 计																										

附件单据 张

财务主管： 记账： 出纳： 审核： 制单：

记 账 凭 证

年 月 日 字第 号

摘 要	总账科目	明细科目	借方金额											记账	贷方金额											记账
			亿	千	百	十	万	千	百	十	元	角	分		亿	千	百	十	万	千	百	十	元	角	分	
合 计																										

附件单据 张

财务主管： 记账： 出纳： 审核： 制单：

记 账 凭 证

年　　月　　日　　　　　　　　　　字第　　号

摘　要	总账科目	明细科目	借方金额											记账	贷方金额											记账
			亿	千	百	十	万	千	百	十	元	角	分		亿	千	百	十	万	千	百	十	元	角	分	
	合　计																									

附件单据　　张

财务主管：　　记账：　　出纳：　　审核：　　制单：

记 账 凭 证

年　　月　　日　　　　　　　　　　字第　　号

摘　要	总账科目	明细科目	借方金额											记账	贷方金额											记账
			亿	千	百	十	万	千	百	十	元	角	分		亿	千	百	十	万	千	百	十	元	角	分	
	合　计																									

附件单据　　张

财务主管：　　记账：　　出纳：　　审核：　　制单：

记 账 凭 证

年　　月　　日　　　　　　　　　　字第　　号

摘　要	总账科目	明细科目	借方金额											记账	贷方金额											记账
			亿	千	百	十	万	千	百	十	元	角	分		亿	千	百	十	万	千	百	十	元	角	分	
合　计																										

附件单据　　张

财务主管：　　记账：　　出纳：　　审核：　　制单：

记 账 凭 证

年　　月　　日　　　　　　　　　　字第　　号

摘　要	总账科目	明细科目	借方金额											记账	贷方金额											记账
			亿	千	百	十	万	千	百	十	元	角	分		亿	千	百	十	万	千	百	十	元	角	分	
合　计																										

附件单据　　张

财务主管：　　记账：　　出纳：　　审核：　　制单：

记账凭证

年　　月　　日　　　　　　　　字第　　号

摘　　要	总账科目	明细科目	借方金额											记账	贷方金额											记账
			亿	千	百	十	万	千	百	十	元	角	分		亿	千	百	十	万	千	百	十	元	角	分	
合　　计																										

附件单据　　张

财务主管：　　　　记账：　　　　出纳：　　　　审核：　　　　制单：

记账凭证

年　　月　　日　　　　　　　　字第　　号

摘　　要	总账科目	明细科目	借方金额											记账	贷方金额											记账
			亿	千	百	十	万	千	百	十	元	角	分		亿	千	百	十	万	千	百	十	元	角	分	
合　　计																										

附件单据　　张

财务主管：　　　　记账：　　　　出纳：　　　　审核：　　　　制单：

记 账 凭 证

年　　月　　日　　　　　　　　字第　　号

摘　　要	总账科目	明细科目	借方金额											记账	贷方金额											记账
			亿	千	百	十	万	千	百	十	元	角	分		亿	千	百	十	万	千	百	十	元	角	分	
合　　计																										

附件单据　　张

财务主管：　　记账：　　出纳：　　审核：　　制单：

记 账 凭 证

年　　月　　日　　　　　　　　字第　　号

摘　　要	总账科目	明细科目	借方金额											记账	贷方金额											记账
			亿	千	百	十	万	千	百	十	元	角	分		亿	千	百	十	万	千	百	十	元	角	分	
合　　计																										

附件单据　　张

财务主管：　　记账：　　出纳：　　审核：　　制单：

记 账 凭 证

年　　月　　日　　　　　　　　字第　　号

摘　要	总账科目	明细科目	借方金额											记账	贷方金额											记账
			亿	千	百	十	万	千	百	十	元	角	分		亿	千	百	十	万	千	百	十	元	角	分	
合　计																										

附件单据　　张

财务主管：　　记账：　　出纳：　　审核：　　制单：

记 账 凭 证

年　　月　　日　　　　　　　　字第　　号

摘　要	总账科目	明细科目	借方金额											记账	贷方金额											记账
			亿	千	百	十	万	千	百	十	元	角	分		亿	千	百	十	万	千	百	十	元	角	分	
合　计																										

附件单据　　张

财务主管：　　记账：　　出纳：　　审核：　　制单：

记 账 凭 证

年　　月　　日　　　　　　　　字第　　号

摘　要	总账科目	明细科目	借方金额											记账	贷方金额											记账
			亿	千	百	十	万	千	百	十	元	角	分		亿	千	百	十	万	千	百	十	元	角	分	
合　计																										

附件单据　　张

财务主管：　　记账：　　出纳：　　审核：　　制单：

记 账 凭 证

年　　月　　日　　　　　　　　字第　　号

摘　要	总账科目	明细科目	借方金额											记账	贷方金额											记账
			亿	千	百	十	万	千	百	十	元	角	分		亿	千	百	十	万	千	百	十	元	角	分	
合　计																										

附件单据　　张

财务主管：　　记账：　　出纳：　　审核：　　制单：

记 账 凭 证

年　　月　　日　　　　　　　　字第　　号

摘　要	总账科目	明细科目	借方金额											记账	贷方金额											记账
			亿	千	百	十	万	千	百	十	元	角	分		亿	千	百	十	万	千	百	十	元	角	分	
合　计																										

附件单据　　张

财务主管：　　记账：　　出纳：　　审核：　　制单：

记 账 凭 证

年　　月　　日　　　　　　　　字第　　号

摘　要	总账科目	明细科目	借方金额											记账	贷方金额											记账
			亿	千	百	十	万	千	百	十	元	角	分		亿	千	百	十	万	千	百	十	元	角	分	
合　计																										

附件单据　　张

财务主管：　　记账：　　出纳：　　审核：　　制单：

记 账 凭 证

年 月 日 字第 号

摘要	总账科目	明细科目	借方金额											记账	贷方金额											记账
			亿	千	百	十	万	千	百	十	元	角	分		亿	千	百	十	万	千	百	十	元	角	分	
合计																										

附件单据 张

财务主管： 记账： 出纳： 审核： 制单：

记 账 凭 证

年 月 日 字第 号

摘要	总账科目	明细科目	借方金额											记账	贷方金额											记账
			亿	千	百	十	万	千	百	十	元	角	分		亿	千	百	十	万	千	百	十	元	角	分	
合计																										

附件单据 张

财务主管： 记账： 出纳： 审核： 制单：

记账凭证

年　　月　　日　　　　　　　　字第　　号

摘　要	总账科目	明细科目	借方金额											记账	贷方金额											记账
			亿	千	百	十	万	千	百	十	元	角	分		亿	千	百	十	万	千	百	十	元	角	分	
合　计																										

附件单据　　张

财务主管：　　　　记账：　　　　出纳：　　　　审核：　　　　制单：

记账凭证

年　　月　　日　　　　　　　　字第　　号

摘　要	总账科目	明细科目	借方金额											记账	贷方金额											记账
			亿	千	百	十	万	千	百	十	元	角	分		亿	千	百	十	万	千	百	十	元	角	分	
合　计																										

附件单据　　张

财务主管：　　　　记账：　　　　出纳：　　　　审核：　　　　制单：

记 账 凭 证

年　　月　　日　　　　　　　　字第　　号

摘　要	总账科目	明细科目	借方金额											记账	贷方金额											记账
			亿	千	百	十	万	千	百	十	元	角	分		亿	千	百	十	万	千	百	十	元	角	分	
合　计																										

附件单据　　张

财务主管：　　记账：　　出纳：　　审核：　　制单：

记 账 凭 证

年　　月　　日　　　　　　　　字第　　号

摘　要	总账科目	明细科目	借方金额											记账	贷方金额											记账
			亿	千	百	十	万	千	百	十	元	角	分		亿	千	百	十	万	千	百	十	元	角	分	
合　计																										

附件单据　　张

财务主管：　　记账：　　出纳：　　审核：　　制单：

记 账 凭 证

年　　月　　日　　　　　　　　字第　　号

摘　要	总账科目	明细科目	借方金额											记账	贷方金额											记账
			亿	千	百	十	万	千	百	十	元	角	分		亿	千	百	十	万	千	百	十	元	角	分	
合　计																										

附件单据　　张

财务主管：　　　记账：　　　出纳：　　　审核：　　　制单：

记 账 凭 证

年　　月　　日　　　　　　　　字第　　号

摘　要	总账科目	明细科目	借方金额											记账	贷方金额											记账
			亿	千	百	十	万	千	百	十	元	角	分		亿	千	百	十	万	千	百	十	元	角	分	
合　计																										

附件单据　　张

财务主管：　　　记账：　　　出纳：　　　审核：　　　制单：

记账凭证

年　　月　　日　　　　　　　　字第　　号

摘　要	总账科目	明细科目	借方金额											记账	贷方金额											记账
			亿	千	百	十	万	千	百	十	元	角	分		亿	千	百	十	万	千	百	十	元	角	分	
合　计																										

附件单据　　张

财务主管：　　记账：　　出纳：　　审核：　　制单：

记账凭证

年　　月　　日　　　　　　　　字第　　号

摘　要	总账科目	明细科目	借方金额											记账	贷方金额											记账
			亿	千	百	十	万	千	百	十	元	角	分		亿	千	百	十	万	千	百	十	元	角	分	
合　计																										

附件单据　　张

财务主管：　　记账：　　出纳：　　审核：　　制单：

记账凭证

年 月 日　　　　　　字第 号

摘要	总账科目	明细科目	借方金额											记账	贷方金额											记账
			亿	千	百	十	万	千	百	十	元	角	分		亿	千	百	十	万	千	百	十	元	角	分	
合计																										

附件单据 张

财务主管：　　记账：　　出纳：　　审核：　　制单：

记账凭证

年 月 日　　　　　　字第 号

摘要	总账科目	明细科目	借方金额											记账	贷方金额											记账
			亿	千	百	十	万	千	百	十	元	角	分		亿	千	百	十	万	千	百	十	元	角	分	
合计																										

附件单据 张

财务主管：　　记账：　　出纳：　　审核：　　制单：

记 账 凭 证

年　　月　　日　　　　　　　　字第　　号

摘　要	总账科目	明细科目	借方金额											记账	贷方金额											记账
			亿	千	百	十	万	千	百	十	元	角	分		亿	千	百	十	万	千	百	十	元	角	分	
合　计																										

附件单据　　张

财务主管：　　　记账：　　　出纳：　　　审核：　　　制单：

记 账 凭 证

年　　月　　日　　　　　　　　字第　　号

摘　要	总账科目	明细科目	借方金额											记账	贷方金额											记账
			亿	千	百	十	万	千	百	十	元	角	分		亿	千	百	十	万	千	百	十	元	角	分	
合　计																										

附件单据　　张

财务主管：　　　记账：　　　出纳：　　　审核：　　　制单：

记账凭证

年　　月　　日　　　　字第　　号

摘要	总账科目	明细科目	借方金额											记账	贷方金额											记账
			亿	千	百	十	万	千	百	十	元	角	分		亿	千	百	十	万	千	百	十	元	角	分	
合计																										

附件单据　　张

财务主管：　　记账：　　出纳：　　审核：　　制单：

记账凭证

年　　月　　日　　　　字第　　号

摘要	总账科目	明细科目	借方金额											记账	贷方金额											记账
			亿	千	百	十	万	千	百	十	元	角	分		亿	千	百	十	万	千	百	十	元	角	分	
合计																										

附件单据　　张

财务主管：　　记账：　　出纳：　　审核：　　制单：

记 账 凭 证

年　　月　　日　　　　　　　　字第　　号

摘　　要	总账科目	明细科目	借方金额											记账	贷方金额											记账
			亿	千	百	十	万	千	百	十	元	角	分		亿	千	百	十	万	千	百	十	元	角	分	
合　　计																										

附件单据　　张

财务主管：　　记账：　　出纳：　　审核：　　制单：

记 账 凭 证

年　　月　　日　　　　　　　　字第　　号

摘　　要	总账科目	明细科目	借方金额											记账	贷方金额											记账
			亿	千	百	十	万	千	百	十	元	角	分		亿	千	百	十	万	千	百	十	元	角	分	
合　　计																										

附件单据　　张

财务主管：　　记账：　　出纳：　　审核：　　制单：

记账凭证

年　月　日　　　　字第　号

摘要	总账科目	明细科目	借方金额											记账	贷方金额											记账
			亿	千	百	十	万	千	百	十	元	角	分		亿	千	百	十	万	千	百	十	元	角	分	
合计																										

附件单据　张

财务主管：　　记账：　　出纳：　　审核：　　制单：

记账凭证

年　月　日　　　　字第　号

摘要	总账科目	明细科目	借方金额											记账	贷方金额											记账
			亿	千	百	十	万	千	百	十	元	角	分		亿	千	百	十	万	千	百	十	元	角	分	
合计																										

附件单据　张

财务主管：　　记账：　　出纳：　　审核：　　制单：

记 账 凭 证

年　　月　　日　　　　　　　　　　字第　　号

摘　要	总账科目	明细科目	借方金额											记账	贷方金额											记账
			亿	千	百	十	万	千	百	十	元	角	分		亿	千	百	十	万	千	百	十	元	角	分	
合　计																										

附件单据　　张

财务主管：　　记账：　　出纳：　　审核：　　制单：

记 账 凭 证

年　　月　　日　　　　　　　　　　字第　　号

摘　要	总账科目	明细科目	借方金额											记账	贷方金额											记账
			亿	千	百	十	万	千	百	十	元	角	分		亿	千	百	十	万	千	百	十	元	角	分	
合　计																										

附件单据　　张

财务主管：　　记账：　　出纳：　　审核：　　制单：

记 账 凭 证

年 月 日　　　　字第 号

摘　要	总账科目	明细科目	借方金额											记账	贷方金额											记账
			亿	千	百	十	万	千	百	十	元	角	分		亿	千	百	十	万	千	百	十	元	角	分	
	合　计																									

附件单据　　张

财务主管：　　记账：　　出纳：　　审核：　　制单：

记 账 凭 证

年 月 日　　　　字第 号

摘　要	总账科目	明细科目	借方金额											记账	贷方金额											记账
			亿	千	百	十	万	千	百	十	元	角	分		亿	千	百	十	万	千	百	十	元	角	分	
	合　计																									

附件单据　　张

财务主管：　　记账：　　出纳：　　审核：　　制单：

记 账 凭 证

年 月 日　　　　字第 号

摘　要	总账科目	明细科目	借方金额											记账	贷方金额											记账
			亿	千	百	十	万	千	百	十	元	角	分		亿	千	百	十	万	千	百	十	元	角	分	
合　计																										

附件单据　张

财务主管：　　记账：　　出纳：　　审核：　　制单：

记 账 凭 证

年 月 日　　　　字第 号

摘　要	总账科目	明细科目	借方金额											记账	贷方金额											记账
			亿	千	百	十	万	千	百	十	元	角	分		亿	千	百	十	万	千	百	十	元	角	分	
合　计																										

附件单据　张

财务主管：　　记账：　　出纳：　　审核：　　制单：

记账凭证

年　　月　　日　　　　　　　　　　字第　　号

摘　要	总账科目	明细科目	借方金额											记账	贷方金额											记账
			亿	千	百	十	万	千	百	十	元	角	分		亿	千	百	十	万	千	百	十	元	角	分	
合　计																										

附件单据　　张

财务主管：　　记账：　　出纳：　　审核：　　制单：

记账凭证

年　　月　　日　　　　　　　　　　字第　　号

摘　要	总账科目	明细科目	借方金额											记账	贷方金额											记账
			亿	千	百	十	万	千	百	十	元	角	分		亿	千	百	十	万	千	百	十	元	角	分	
合　计																										

附件单据　　张

财务主管：　　记账：　　出纳：　　审核：　　制单：

记 账 凭 证

年　　月　　日　　　　　　　　字第　　号

摘　要	总账科目	明细科目	借方金额											记账	贷方金额											记账
			亿	千	百	十	万	千	百	十	元	角	分		亿	千	百	十	万	千	百	十	元	角	分	
合　计																										

附件单据　　张

财务主管：　　记账：　　出纳：　　审核：　　制单：

记 账 凭 证

年　　月　　日　　　　　　　　字第　　号

摘　要	总账科目	明细科目	借方金额											记账	贷方金额											记账
			亿	千	百	十	万	千	百	十	元	角	分		亿	千	百	十	万	千	百	十	元	角	分	
合　计																										

附件单据　　张

财务主管：　　记账：　　出纳：　　审核：　　制单：

记账凭证

年　月　日　　　　字第　号

摘要	总账科目	明细科目	借方金额											记账	贷方金额											记账
			亿	千	百	十	万	千	百	十	元	角	分		亿	千	百	十	万	千	百	十	元	角	分	
合计																										

附件单据　张

财务主管：　记账：　出纳：　审核：　制单：

记账凭证

年　月　日　　　　字第　号

摘要	总账科目	明细科目	借方金额											记账	贷方金额											记账
			亿	千	百	十	万	千	百	十	元	角	分		亿	千	百	十	万	千	百	十	元	角	分	
合计																										

附件单据　张

财务主管：　记账：　出纳：　审核：　制单：

记 账 凭 证

年　　月　　日　　　　　　　　字第　　号

摘　要	总账科目	明细科目	借方金额											记账	贷方金额											记账
			亿	千	百	十	万	千	百	十	元	角	分		亿	千	百	十	万	千	百	十	元	角	分	
合　计																										

附件单据　　张

财务主管：　　记账：　　出纳：　　审核：　　制单：

记 账 凭 证

年　　月　　日　　　　　　　　字第　　号

摘　要	总账科目	明细科目	借方金额											记账	贷方金额											记账
			亿	千	百	十	万	千	百	十	元	角	分		亿	千	百	十	万	千	百	十	元	角	分	
合　计																										

附件单据　　张

财务主管：　　记账：　　出纳：　　审核：　　制单：

记 账 凭 证

年　　月　　日　　　　　　　　字第　　号

摘　要	总账科目	明细科目	借方金额											记账	贷方金额											记账
			亿	千	百	十	万	千	百	十	元	角	分		亿	千	百	十	万	千	百	十	元	角	分	
合　计																										

附件单据　　张

财务主管：　　记账：　　出纳：　　审核：　　制单：

记 账 凭 证

年　　月　　日　　　　　　　　字第　　号

摘　要	总账科目	明细科目	借方金额											记账	贷方金额											记账
			亿	千	百	十	万	千	百	十	元	角	分		亿	千	百	十	万	千	百	十	元	角	分	
合　计																										

附件单据　　张

财务主管：　　记账：　　出纳：　　审核：　　制单：

记 账 凭 证

年　　月　　日　　　　　　　　　　字第　　号

摘　　要	总账科目	明细科目	借方金额											记账	贷方金额											记账
			亿	千	百	十	万	千	百	十	元	角	分		亿	千	百	十	万	千	百	十	元	角	分	
合　　计																										

附件单据　　张

财务主管：　　记账：　　出纳：　　审核：　　制单：

记 账 凭 证

年　　月　　日　　　　　　　　　　字第　　号

摘　　要	总账科目	明细科目	借方金额											记账	贷方金额											记账
			亿	千	百	十	万	千	百	十	元	角	分		亿	千	百	十	万	千	百	十	元	角	分	
合　　计																										

附件单据　　张

财务主管：　　记账：　　出纳：　　审核：　　制单：

记 账 凭 证

年　　月　　日　　　　　　　　　　字第　　号

摘　　要	总账科目	明细科目	借方金额											记账	贷方金额											记账
			亿	千	百	十	万	千	百	十	元	角	分		亿	千	百	十	万	千	百	十	元	角	分	
合　　计																										

附件单据　　张

财务主管：　　记账：　　出纳：　　审核：　　制单：

记 账 凭 证

年　　月　　日　　　　　　　　　　字第　　号

摘　　要	总账科目	明细科目	借方金额											记账	贷方金额											记账
			亿	千	百	十	万	千	百	十	元	角	分		亿	千	百	十	万	千	百	十	元	角	分	
合　　计																										

附件单据　　张

财务主管：　　记账：　　出纳：　　审核：　　制单：

记 账 凭 证

年　　月　　日　　　　　　　　字第　　号

摘　要	总账科目	明细科目	借方金额											记账	贷方金额											记账
			亿	千	百	十	万	千	百	十	元	角	分		亿	千	百	十	万	千	百	十	元	角	分	
合　计																										

附件单据　　张

财务主管：　　记账：　　出纳：　　审核：　　制单：

记 账 凭 证

年　　月　　日　　　　　　　　字第　　号

摘　要	总账科目	明细科目	借方金额											记账	贷方金额											记账
			亿	千	百	十	万	千	百	十	元	角	分		亿	千	百	十	万	千	百	十	元	角	分	
合　计																										

附件单据　　张

财务主管：　　记账：　　出纳：　　审核：　　制单：

记 账 凭 证

年　　月　　日　　　　　　　　字第　　号

摘　　要	总账科目	明细科目	借方金额											记账	贷方金额											记账
			亿	千	百	十	万	千	百	十	元	角	分		亿	千	百	十	万	千	百	十	元	角	分	
	合　　计																									

附件单据　　张

财务主管：　　　　记账：　　　　出纳：　　　　审核：　　　　制单：

记 账 凭 证

年　　月　　日　　　　　　　　字第　　号

摘　　要	总账科目	明细科目	借方金额											记账	贷方金额											记账
			亿	千	百	十	万	千	百	十	元	角	分		亿	千	百	十	万	千	百	十	元	角	分	
	合　　计																									

附件单据　　张

财务主管：　　　　记账：　　　　出纳：　　　　审核：　　　　制单：

记 账 凭 证

年　　月　　日　　　　　　　　　　字第　　号

摘　要	总账科目	明细科目	借方金额											记账	贷方金额											记账
			亿	千	百	十	万	千	百	十	元	角	分		亿	千	百	十	万	千	百	十	元	角	分	
合　计																										

附件单据　　张

财务主管：　　记账：　　出纳：　　审核：　　制单：

记 账 凭 证

年　　月　　日　　　　　　　　　　字第　　号

摘　要	总账科目	明细科目	借方金额											记账	贷方金额											记账
			亿	千	百	十	万	千	百	十	元	角	分		亿	千	百	十	万	千	百	十	元	角	分	
合　计																										

附件单据　　张

财务主管：　　记账：　　出纳：　　审核：　　制单：

记账凭证

年　　月　　日　　　　　　　　　　字第　　号

摘　要	总账科目	明细科目	借方金额											记账	贷方金额											记账
			亿	千	百	十	万	千	百	十	元	角	分		亿	千	百	十	万	千	百	十	元	角	分	
合　计																										

附件单据　　张

财务主管：　　记账：　　出纳：　　审核：　　制单：

记账凭证

年　　月　　日　　　　　　　　　　字第　　号

摘　要	总账科目	明细科目	借方金额											记账	贷方金额											记账
			亿	千	百	十	万	千	百	十	元	角	分		亿	千	百	十	万	千	百	十	元	角	分	
合　计																										

附件单据　　张

财务主管：　　记账：　　出纳：　　审核：　　制单：

记账凭证

年　月　日　　　　　　　　字第　　号

摘要	总账科目	明细科目	借方金额											记账	贷方金额											记账
			亿	千	百	十	万	千	百	十	元	角	分		亿	千	百	十	万	千	百	十	元	角	分	
合计																										

附件单据　张

财务主管：　记账：　出纳：　审核：　制单：

记账凭证

年　月　日　　　　　　　　字第　　号

摘要	总账科目	明细科目	借方金额											记账	贷方金额											记账
			亿	千	百	十	万	千	百	十	元	角	分		亿	千	百	十	万	千	百	十	元	角	分	
合计																										

附件单据　张

财务主管：　记账：　出纳：　审核：　制单：

记 账 凭 证

年　　月　　日　　　　　　　　字第　　号

摘　要	总账科目	明细科目	借方金额											记账	贷方金额											记账
			亿	千	百	十	万	千	百	十	元	角	分		亿	千	百	十	万	千	百	十	元	角	分	
合　计																										

附件单据　　张

财务主管：　　记账：　　出纳：　　审核：　　制单：

记 账 凭 证

年　　月　　日　　　　　　　　字第　　号

摘　要	总账科目	明细科目	借方金额											记账	贷方金额											记账
			亿	千	百	十	万	千	百	十	元	角	分		亿	千	百	十	万	千	百	十	元	角	分	
合　计																										

附件单据　　张

财务主管：　　记账：　　出纳：　　审核：　　制单：

记 账 凭 证

年　　月　　日　　　　　　　　字第　　号

摘　要	总账科目	明细科目	借方金额											记账	贷方金额											记账
			亿	千	百	十	万	千	百	十	元	角	分		亿	千	百	十	万	千	百	十	元	角	分	
合　计																										

附件单据　张

财务主管：　　记账：　　出纳：　　审核：　　制单：

记 账 凭 证

年　　月　　日　　　　　　　　字第　　号

摘　要	总账科目	明细科目	借方金额											记账	贷方金额											记账
			亿	千	百	十	万	千	百	十	元	角	分		亿	千	百	十	万	千	百	十	元	角	分	
合　计																										

附件单据　张

财务主管：　　记账：　　出纳：　　审核：　　制单：

记账凭证

年　　月　　日　　　　　　　　字第　　号

摘　要	总账科目	明细科目	借方金额											记账	贷方金额											记账
			亿	千	百	十	万	千	百	十	元	角	分		亿	千	百	十	万	千	百	十	元	角	分	
合　计																										

附件单据　　张

财务主管：　　记账：　　出纳：　　审核：　　制单：

记账凭证

年　　月　　日　　　　　　　　字第　　号

摘　要	总账科目	明细科目	借方金额											记账	贷方金额											记账
			亿	千	百	十	万	千	百	十	元	角	分		亿	千	百	十	万	千	百	十	元	角	分	
合　计																										

附件单据　　张

财务主管：　　记账：　　出纳：　　审核：　　制单：

记账凭证

年 月 日　　　　字第 号

摘要	总账科目	明细科目	借方金额											记账	贷方金额											记账
			亿	千	百	十	万	千	百	十	元	角	分		亿	千	百	十	万	千	百	十	元	角	分	
合计																										

附件单据 张

财务主管：　　记账：　　出纳：　　审核：　　制单：

记账凭证

年 月 日　　　　字第 号

摘要	总账科目	明细科目	借方金额											记账	贷方金额											记账
			亿	千	百	十	万	千	百	十	元	角	分		亿	千	百	十	万	千	百	十	元	角	分	
合计																										

附件单据 张

财务主管：　　记账：　　出纳：　　审核：　　制单：

记账凭证

年　月　日　　　　　　字第　号

摘要	总账科目	明细科目	借方金额											记账	贷方金额											记账
			亿	千	百	十	万	千	百	十	元	角	分		亿	千	百	十	万	千	百	十	元	角	分	
	合计																									

附件单据　张

财务主管：　记账：　出纳：　审核：　制单：

记账凭证

年　月　日　　　　　　字第　号

摘要	总账科目	明细科目	借方金额											记账	贷方金额											记账
			亿	千	百	十	万	千	百	十	元	角	分		亿	千	百	十	万	千	百	十	元	角	分	
	合计																									

附件单据　张

财务主管：　记账：　出纳：　审核：　制单：

记账凭证

年　月　日　　　　字第　号

摘要	总账科目	明细科目	借方金额											记账	贷方金额											记账
			亿	千	百	十	万	千	百	十	元	角	分		亿	千	百	十	万	千	百	十	元	角	分	
合计																										

附件单据　张

财务主管：　记账：　出纳：　审核：　制单：

记账凭证

年　月　日　　　　字第　号

摘要	总账科目	明细科目	借方金额											记账	贷方金额											记账
			亿	千	百	十	万	千	百	十	元	角	分		亿	千	百	十	万	千	百	十	元	角	分	
合计																										

附件单据　张

财务主管：　记账：　出纳：　审核：　制单：

记 账 凭 证

年 月 日 字第 号

摘要	总账科目	明细科目	借方金额											记账	贷方金额											记账
			亿	千	百	十	万	千	百	十	元	角	分		亿	千	百	十	万	千	百	十	元	角	分	
合计																										

附件单据 张

财务主管： 记账： 出纳： 审核： 制单：

记 账 凭 证

年 月 日 字第 号

摘要	总账科目	明细科目	借方金额											记账	贷方金额											记账
			亿	千	百	十	万	千	百	十	元	角	分		亿	千	百	十	万	千	百	十	元	角	分	
合计																										

附件单据 张

财务主管： 记账： 出纳： 审核： 制单：

记 账 凭 证

年　　月　　日　　　　　　　　　　　　字第　　号

摘　要	总账科目	明细科目	借方金额											记账	贷方金额											记账
			亿	千	百	十	万	千	百	十	元	角	分		亿	千	百	十	万	千	百	十	元	角	分	
	合　计																									

附件单据　　张

财务主管：　　记账：　　出纳：　　审核：　　制单：

记 账 凭 证

年　　月　　日　　　　　　　　　　　　字第　　号

摘　要	总账科目	明细科目	借方金额											记账	贷方金额											记账
			亿	千	百	十	万	千	百	十	元	角	分		亿	千	百	十	万	千	百	十	元	角	分	
	合　计																									

附件单据　　张

财务主管：　　记账：　　出纳：　　审核：　　制单：

记 账 凭 证

年　　月　　日　　　　　　　　字第　　号

摘　要	总账科目	明细科目	借方金额											记账	贷方金额											记账
			亿	千	百	十	万	千	百	十	元	角	分		亿	千	百	十	万	千	百	十	元	角	分	
合　计																										

附件单据　　张

财务主管：　　记账：　　出纳：　　审核：　　制单：

记 账 凭 证

年　　月　　日　　　　　　　　字第　　号

摘　要	总账科目	明细科目	借方金额											记账	贷方金额											记账
			亿	千	百	十	万	千	百	十	元	角	分		亿	千	百	十	万	千	百	十	元	角	分	
合　计																										

附件单据　　张

财务主管：　　记账：　　出纳：　　审核：　　制单：

记 账 凭 证

年　　月　　日　　　　　　　　字第　　号

摘　要	总账科目	明细科目	借方金额											记账	贷方金额											记账
			亿	千	百	十	万	千	百	十	元	角	分		亿	千	百	十	万	千	百	十	元	角	分	
合　计																										

附件单据　　张

财务主管：　　记账：　　出纳：　　审核：　　制单：

记 账 凭 证

年　　月　　日　　　　　　　　字第　　号

摘　要	总账科目	明细科目	借方金额											记账	贷方金额											记账
			亿	千	百	十	万	千	百	十	元	角	分		亿	千	百	十	万	千	百	十	元	角	分	
合　计																										

附件单据　　张

财务主管：　　记账：　　出纳：　　审核：　　制单：

记账凭证

年　月　日　　　　字第　号

摘要	总账科目	明细科目	借方金额											记账	贷方金额											记账
			亿	千	百	十	万	千	百	十	元	角	分		亿	千	百	十	万	千	百	十	元	角	分	
合计																										

附件单据　张

财务主管：　　记账：　　出纳：　　审核：　　制单：

记账凭证

年　月　日　　　　字第　号

摘要	总账科目	明细科目	借方金额											记账	贷方金额											记账
			亿	千	百	十	万	千	百	十	元	角	分		亿	千	百	十	万	千	百	十	元	角	分	
合计																										

附件单据　张

财务主管：　　记账：　　出纳：　　审核：　　制单：

记账凭证

年　月　日　　　　字第　号

摘　要	总账科目	明细科目	借方金额											记账	贷方金额											记账
			亿	千	百	十	万	千	百	十	元	角	分		亿	千	百	十	万	千	百	十	元	角	分	
合　计																										

附件单据　张

财务主管：　记账：　出纳：　审核：　制单：

记账凭证

年　月　日　　　　字第　号

摘　要	总账科目	明细科目	借方金额											记账	贷方金额											记账
			亿	千	百	十	万	千	百	十	元	角	分		亿	千	百	十	万	千	百	十	元	角	分	
合　计																										

附件单据　张

财务主管：　记账：　出纳：　审核：　制单：

记 账 凭 证

年　　月　　日　　　　　　　　　　　字第　　号

摘　要	总账科目	明细科目	借方金额											记账	贷方金额											记账
			亿	千	百	十	万	千	百	十	元	角	分		亿	千	百	十	万	千	百	十	元	角	分	
合　计																										

附件单据　张

财务主管：　　　　记账：　　　　出纳：　　　　审核：　　　　制单：

记 账 凭 证

年　　月　　日　　　　　　　　　　　字第　　号

摘　要	总账科目	明细科目	借方金额											记账	贷方金额											记账
			亿	千	百	十	万	千	百	十	元	角	分		亿	千	百	十	万	千	百	十	元	角	分	
合　计																										

附件单据　张

财务主管：　　　　记账：　　　　出纳：　　　　审核：　　　　制单：

记账凭证

年　　月　　日　　　　　　　　字第　　号

摘　要	总账科目	明细科目	借方金额											记账	贷方金额											记账
			亿	千	百	十	万	千	百	十	元	角	分		亿	千	百	十	万	千	百	十	元	角	分	
合　计																										

附件单据　　张

财务主管：　　记账：　　出纳：　　审核：　　制单：

记账凭证

年　　月　　日　　　　　　　　字第　　号

摘　要	总账科目	明细科目	借方金额											记账	贷方金额											记账
			亿	千	百	十	万	千	百	十	元	角	分		亿	千	百	十	万	千	百	十	元	角	分	
合　计																										

附件单据　　张

财务主管：　　记账：　　出纳：　　审核：　　制单：

记 账 凭 证

年　　月　　日　　　　　　　　字第　　号

摘　要	总账科目	明细科目	借方金额											记账	贷方金额											记账
			亿	千	百	十	万	千	百	十	元	角	分		亿	千	百	十	万	千	百	十	元	角	分	
合　计																										

附件单据　　张

财务主管：　　记账：　　出纳：　　审核：　　制单：

记 账 凭 证

年　　月　　日　　　　　　　　字第　　号

摘　要	总账科目	明细科目	借方金额											记账	贷方金额											记账
			亿	千	百	十	万	千	百	十	元	角	分		亿	千	百	十	万	千	百	十	元	角	分	
合　计																										

附件单据　　张

财务主管：　　记账：　　出纳：　　审核：　　制单：

记账凭证

年　　月　　日　　　　　　　　　　字第　　号

摘　要	总账科目	明细科目	借方金额											记账	贷方金额											记账
			亿	千	百	十	万	千	百	十	元	角	分		亿	千	百	十	万	千	百	十	元	角	分	
合　计																										

附件单据　　张

财务主管：　　记账：　　出纳：　　审核：　　制单：

记账凭证

年　　月　　日　　　　　　　　　　字第　　号

摘　要	总账科目	明细科目	借方金额											记账	贷方金额											记账
			亿	千	百	十	万	千	百	十	元	角	分		亿	千	百	十	万	千	百	十	元	角	分	
合　计																										

附件单据　　张

财务主管：　　记账：　　出纳：　　审核：　　制单：

记账凭证

年　　月　　日　　　　字第　　号

摘　要	总账科目	明细科目	借方金额											记账	贷方金额											记账
			亿	千	百	十	万	千	百	十	元	角	分		亿	千	百	十	万	千	百	十	元	角	分	
合　计																										

附件单据　　张

财务主管：　　记账：　　出纳：　　审核：　　制单：

记账凭证

年　　月　　日　　　　字第　　号

摘　要	总账科目	明细科目	借方金额											记账	贷方金额											记账
			亿	千	百	十	万	千	百	十	元	角	分		亿	千	百	十	万	千	百	十	元	角	分	
合　计																										

附件单据　　张

财务主管：　　记账：　　出纳：　　审核：　　制单：

记账凭证

年　月　日　　　　字第　号

摘要	总账科目	明细科目	借方金额											记账	贷方金额											记账
			亿	千	百	十	万	千	百	十	元	角	分		亿	千	百	十	万	千	百	十	元	角	分	
合计																										

附件单据　张

财务主管：　　记账：　　出纳：　　审核：　　制单：

记账凭证

年　月　日　　　　字第　号

摘要	总账科目	明细科目	借方金额											记账	贷方金额											记账
			亿	千	百	十	万	千	百	十	元	角	分		亿	千	百	十	万	千	百	十	元	角	分	
合计																										

附件单据　张

财务主管：　　记账：　　出纳：　　审核：　　制单：

记 账 凭 证

年　月　日　　　　字第　号

摘要	总账科目	明细科目	借方金额											记账	贷方金额											记账
			亿	千	百	十	万	千	百	十	元	角	分		亿	千	百	十	万	千	百	十	元	角	分	
	合计																									

附件单据　张

财务主管：　记账：　出纳：　审核：　制单：

记 账 凭 证

年　月　日　　　　字第　号

摘要	总账科目	明细科目	借方金额											记账	贷方金额											记账
			亿	千	百	十	万	千	百	十	元	角	分		亿	千	百	十	万	千	百	十	元	角	分	
	合计																									

附件单据　张

财务主管：　记账：　出纳：　审核：　制单：

记账凭证

年　月　日　　　　字第　号

摘　要	总账科目	明细科目	借方金额											记账	贷方金额											记账
			亿	千	百	十	万	千	百	十	元	角	分		亿	千	百	十	万	千	百	十	元	角	分	
合　计																										

附件单据　张

财务主管：　　记账：　　出纳：　　审核：　　制单：

记账凭证

年　月　日　　　　字第　号

摘　要	总账科目	明细科目	借方金额											记账	贷方金额											记账
			亿	千	百	十	万	千	百	十	元	角	分		亿	千	百	十	万	千	百	十	元	角	分	
合　计																										

附件单据　张

财务主管：　　记账：　　出纳：　　审核：　　制单：

记账凭证

年　　月　　日　　　　　　　　　　字第　　号

摘　　要	总账科目	明细科目	借方金额											记账	贷方金额											记账
			亿	千	百	十	万	千	百	十	元	角	分		亿	千	百	十	万	千	百	十	元	角	分	
合　　计																										

附件单据　　张

财务主管：　　　　记账：　　　　出纳：　　　　审核：　　　　制单：

记账凭证

年　　月　　日　　　　　　　　　　字第　　号

摘　　要	总账科目	明细科目	借方金额											记账	贷方金额											记账
			亿	千	百	十	万	千	百	十	元	角	分		亿	千	百	十	万	千	百	十	元	角	分	
合　　计																										

附件单据　　张

财务主管：　　　　记账：　　　　出纳：　　　　审核：　　　　制单：